李欢丽　刘昊虹　李石凯　著

美国量化宽松货币政策的影响与中国应对

Impact of the US Quantitative Easing Monetary Policy
and China's Response

中国财经出版传媒集团

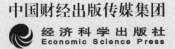

经济科学出版社
Economic Science Press

图书在版编目（CIP）数据

美国量化宽松货币政策的影响与中国应对/李欢丽，刘昊虹，李石凯著 . —北京：经济科学出版社，2019.8
ISBN 978 - 7 - 5218 - 0842 - 1

Ⅰ.①美…　Ⅱ.①李…②刘…③李…　Ⅲ.①货币政策 - 研究 - 美国②人民币 - 金融国际化 - 研究　Ⅳ.①F827.120②F822

中国版本图书馆 CIP 数据核字（2019）第 199532 号

责任编辑：杜　鹏　刘　悦
责任校对：杨　海
责任印制：邱　天

美国量化宽松货币政策的影响与中国应对

李欢丽　刘昊虹　李石凯　著

经济科学出版社出版、发行　新华书店经销

社址：北京市海淀区阜成路甲 28 号　邮编：100142

编辑部电话：010 - 88191441　发行部电话：010 - 88191522

网址：www. esp. com. cn

电子邮件：esp_bj@ 163. com

天猫网店：经济科学出版社旗舰店

网址：http：//jjkxcbs. tmall. com

固安华明印业有限公司印装

710 × 1000　16 开　12 印张　190000 字

2019 年 8 月第 1 版　2019 年 8 月第 1 次印刷

ISBN 978 - 7 - 5218 - 0842 - 1　定价：58.00 元

（图书出现印装问题，本社负责调换。电话：010 - 88191510）

（版权所有　侵权必究　打击盗版　举报热线：010 - 88191661

QQ：2242791300　营销中心电话：010 - 88191537

电子邮箱：dbts@ esp. com. cn）

前　言

2008 年国际金融危机以来，全球经济运行波诡云谲，跌宕起伏，其主要因素是美国量化宽松货币政策的实施及其退出，在这一背景下，中国对美国量化宽松货币政策采取了积极的应对，有效地维持了中国经济的平稳运行。近 10 年来，我们的研究团队对美国量化宽松货币政策给予了特别关注，并从不同维度进行了广泛而且深入的研究，系列研究成果先后在《经济学家》《财经科学》《金融经济学研究》《世界经济与政治论坛》《现代日本经济》《中国金融》《新金融》等主流专业学术期刊发表，部分成果被《新华文摘》《中国社会科学文摘》《高等学校文科学术文摘》《中国人民大学报刊复印资料》等转载，得到了学术界的高度认可，还有部分成果获得了中国金融教育基金会、广东省金融学会的优秀成果奖励，产生了一定的社会影响。

自从布雷顿森林体系确立美元霸权地位以来，美元既是美国的法定货币，也是第一大国际货币，因而作为美元的唯一发行主体，美联储的货币政策既影响美国经济的运行，也影响全球经济的运行，非常规的量化宽松货币政策对美国及全球经济的影响有非常重要的研究意义。2010 年以来，我们对美国量化宽松货币政策进行了长期跟踪研究，围绕四条主线全方位分析量化宽松货币政策带来的影响，其研究成果构成了相对完整的研究框架。第一条主线研究美国量化宽松货币政策对美国经济的影响。从美国国内经济层面上看，美国陷入了货币—物价、货币—汇率双重背离的困境；从就业效应上看，量化宽松货币政策实施的初期对就业的刺激效果有效；从银行业复苏的状态上看，量化宽松货币政策通过购买商业银行的有毒资产，使银行业的经营状况得以改善；从政策效果层面上看，美国出现了流动性陷阱，量化宽松货币政策没有达到预期的效果。第二条主线研究美国量化宽松货币政策对全球经济的影响。从单纯的经济视角考察，美国量化宽松货币政策导致全球流动性泛滥；从制度溢出层面考察，复制美国的日本量化宽松货币政策存在一定的内生缺陷，出现了传导机制的扭曲。第三条主线研究中国对于美国量化宽松货币政策的应对。在美国量化宽松货币政策实施和退出期间，中国主要采取了两大举措：一是采取定向宽松货币政策刺激经济，从而避免了量化宽松的内生缺陷；二是充分利用美国量化宽松货币政策的时间窗口，启动了人民币国际化进程，并且通过机制创新使人民币国际化取得了显著成效。人民币国际化战略的推进，不仅要对汇率管理和汇率传导进行相应的调整，还要把握全球去美元化浪潮的契机，使人民币国际化再上新台阶。第四条主线研究美国量化宽松货币政策的转变。退出量化宽松货币政策之后，美联储的货币政策进入常态化阶段，主要通过加息和缩表两大政策措施实现。从政策对美元汇率的影响层面来看，加息和缩表进一步强化了强势美元周期；从政策的未来走向来看，美联储货币政策极有可能在2019年出现拐点，由常态化再次向宽松转变。全书通过这四条主线构成了相对完整的研究体系，分析深入浅出，逻辑严密，诚挚推荐给想深入了解美国量化宽松货币政策的读者。

本书的出版首先要感谢广东金融学院国际金融研究中心诸位同仁多年来的通力合作，特别感谢黄剑教授、王晓雷教授和胡妍老师对第四章、第五章和第十章编写工作的支持；其次要感谢广东省国际金融创新研究团队项目资金和广东省哲学社会科学基金的资助①；最后还要感谢经济科学出版社的大力支持，使本书得以面世。

---

① 广东省哲学社会科学课题：人民币国际化、跨境资本流动冲击与外汇政策调控研究（GD17CYJ10）。

目　　录

第一章 美国量化宽松货币政策对美国经济的影响：货币—物价、货币—汇率双重背离问题研究

本章导读：

国际金融危机以来，美国的货币—物价与货币—汇率运行明显不符合经济学常理，均出现严重背离。研究显示，美国货币—物价背离的根本原因在于量化宽松货币政策的内生缺陷和持续恶化的金融生态，导致美联储投放的流动性被囤积、空转和外溢，无法抬升通胀水平。美国货币—汇率运行背离的主要原因在于美国对外债务扩张形成的美元需求和打压欧元导致的欧元贬值。美国货币—物价运行的背离说明，如果缺乏导流机制，再宽松的货币政策也无法实现政策目标。因此，我们有理由认为，附带导流机制的中国定向宽松货币政策优于美国的量化宽松货币政策。美国货币—汇率运行的背离说明，美元仍然是美国的核心利益，美国必须采用常规和非常规的措施，以维持美元的全球货币霸权地位。①

第一节　引言

为了刺激经济复苏，抑制通货紧缩，降低失业水平，救助问题银行，在2009~2014年近6年间，美国先后三次实施量化宽松货币政策，共计向商业

---

① 本章以2007~2014年数据为研究样本。

银行投放了超过 3 万亿美元，造成美联储资产负债表急剧膨胀，市场美元流动性急剧扩张。

按照普遍接受的经济学理论，一国货币的超发和滥发，必然引发该国货币对内价值和对外价值的同时降低，也就是说，对内而言，货币的超发必然引发通货膨胀；对外而言，货币的超发必然引发本币贬值。然而，美国经济运行的数据却显示，美国基础货币的急剧扩张既没有引发显著的通货膨胀，也没有引发显著的美元贬值，美国的货币—物价和货币—汇率运行均出现不符合经济学常理的背离。

运用美国联邦储备银行等机构提供的数据，本章对美国货币—物价和货币—汇率运行背离问题进行了深入分析。研究结果显示，美国量化宽松货币政策的内生缺陷和美国金融生态的恶化导致美国货币—物价运行背离的形成，美国对外债务的扩张和美国打压下的欧债危机导致美国货币—汇率运行背离的形成。进一步的研究显示，虽然货币—物价运行的背离影响了美国量化宽松货币政策的效率，但是货币—汇率运行的背离却符合美国的核心利益。我们认为，研究美国货币—物价运行背离问题对面临经济减速压力的中国宽松货币政策选择有一定的借鉴意义，研究美国货币—汇率运行背离问题对中国制定人民币国际化战略有一定的启示意义。

第二节　文献综述

货币与物价之间的互动关系以及货币与汇率之间的互动关系既是经济学理论中的经典问题，也是经济学中的核心问题。美国实施量化宽松货币政策以来，这两大问题又成为学者们研究的热点，许多学者都对这两个问题进行过深入的探讨，不过由于基本框架、研究视角等方面存在差异，其研究结论也存在一定的分歧。

一、国外学者的研究

爱瓦莎纳和沙夫斯汀（Ivashina & Scharfstein，2010）对量化宽松货币政策进行了相对严格的界定，认为量化宽松货币政策是在常规货币政策无效背景下，中央银行为刺激经济而采取的一种非常规货币政策。菲尔斯登（Feldstein，2014）的研究显示，量化宽松货币政策带来美国股票市场的上升，并通过财富效应刺激了消费扩张和经济复苏。拉加纳和斯格罗（Lagana & Sgro，2013）认为量化宽松政策可以通过汇率和净出口影响实体经济，但是影响的长度决定于时滞的长短。普特南（Putnam，2013）认为量化宽松货币政策对实际国民生产总值和物价水平都有显著的影响，而且对物价水平的影响高于对实际国民生产总值的影响。赫博斯等（Herbst et al.，2014）的研究认为，通过添加利率变量和贸易变量对开放的宏观经济模型进行拓展，量化宽松货币政策会导致货币贬值和带来出口导向型经济复苏。帕瑞（Puri，2011）的研究发现，即使存在储备陷阱，量化宽松货币政策通过货币贬值促进贸易扩张也能有效刺激经济复苏。

二、国内学者的研究

李石凯（2012）认为量化宽松货币政策的实施没有达到美联储的预期效果，反而引起了国际市场用美元标价的贵金属和大宗商品价格的剧烈上涨，增加了全球经济走势的不稳定性与不确定性。王晓雷、刘昊虹（2011）的研究表明，由于美国经济的核心问题不是流动性短缺，因此，量化宽松货币政策不仅没有刺激美国经济复苏反而导致全球美元流动性泛滥。许欣欣、李天德（2012）认为美国的量化宽松货币政策能够解释美国国内通货膨胀的加剧，但是却无法解释新兴市场经济体通货膨胀普遍高于发达经济体的事实。王自锋、白玥明（2013）的研究显示，美国量化宽松货币政策对中国的通货膨胀存在显著的溢出效应，并且这种溢出效应强于对美国国内物价的直接影响。马理、余慧娟（2015）认为美国的量化宽松货币政策对"金砖国家"的影响显著，在短期内会导致"金砖国家"实体经济产出上升、货币升值和虚拟经济繁荣。路妍、方草（2015）认为量化宽松货币政策引发的美元兑人民币汇率波动对中国短期资本流动影响较小，两国利差在短期内对中国短期资本流动影响明显，长期考察则趋于均衡。

通过研究我们发现，国外学者主要关注美国量化宽松货币政策下的货币扩张对美国宏观经济运行的影响，虽然存在一定的分歧，但仍普遍接受量化宽松货币政策会引发通货膨胀和美元贬值。而国内学者则集中关注美国量化宽松货币政策的全球影响，尤其是对中国经济运行的影响，普遍认为美国量化宽松货币政策下的货币扩张造成了全球美元流动性泛滥，引发了全球性通货膨胀和货币贬值竞争。

第三节　美国量化宽松货币政策下的基础货币扩张

2009 年 3 月，美国推出第一轮量化宽松货币政策，包括购买 1.25 万亿美元的抵押贷款支持证券、3 000 亿美元的美国国债和 1 750 亿美元的机构证券，2010 年 3 月，第一轮量化宽松货币政策结束。2010 年 11 月开始，美联储推出第二轮量化宽松货币政策，每月购买 750 亿美元的政府长期债券，截至 2012 年 6 月，共计向市场投放了 6 000 亿美元的流动性。2012 年 9 月，美联储宣布实施第三轮量化宽松货币政策，初期计划每月购买 400 亿美元抵押贷款支持证券，2012 年 12 月，美联储宣布在前期每月购买 400 亿美元抵押贷款支持证券的基础上再增加 450 亿美元购买美国长期国债，美联储每月资产采购额高达 850 亿美元。与前两轮量化宽松货币政策比较，第三轮量化宽松货币政策没有预先设定实施期限和基础货币扩张规模，但附加了两个约束性的标准：其一是失业率高于 6.5%；其二是居民消费价格指数（CPI）低于 2.5%。实际上到 2014 年 10 月，美联储才宣布退出量化宽松货币政策，所以该轮量化宽松货币政策持续的时间超过两年。不过直到宣布退出第三轮量化货币宽松政策，美国的居民消费价格指数（CPI）仍然没有达到 2.5% 的预设标准。

严格意义上讲，中央银行监控的货币运行可以分为三个层次，一是基础货币（MB）；二是狭义货币（M1）；三是广义货币（M2）。很显然，美联储在实施量化宽松货币政策的过程中，主要关注的是基础货币。所以我们可以根据美联储公布的基础货币数据来研究量化宽松货币政策下美国的货币运行。

对量化宽松货币政策实施以来美国基础货币扩张的数据进行分析，我们可以得到以下结论：第一，长期考察，美国基础货币变动相对缓慢，而且与国内生产总值（GDP）的增长基本上保持同步。但是从2008年开始，美国基础货币的运行进入一个强劲的上升通道。这种运行态势在历史上还从来没有出现过。第二，从绝对规模考察，2007年末，美国的基础货币还只有8 371.92亿美元，但到2014年末，已经急剧扩张到39 344.91亿美元，年均增量4 424.71亿美元，其中有多年的增量都超过2007年存量的水平。第三，从相对速度考察，2008～2014年，美国基础货币的年均增速高达24.82%，是同期美国GDP年均增速的12倍，表明美国基础货币的运行已经严重脱离了经济增长的约束。第四，分段考察，我们可以发现，国际金融危机以来，美国基础货币的扩张完全决定于量化宽松货币政策的实施与否，只要实施量化宽松货币政策，基础货币就显著扩张，一旦停止实施量化宽松货币政策，基础货币扩张速度就会放缓甚至出现负增长。第五，2008～2014年，美国的狭义货币年均增速只有11.44%，广义货币的年均增速只有6.63%，都远远低于基础货币的年均增速，导致了货币乘数的显著下降。由此可以得出的结论是，美国在一定程度上已经陷入流动性陷阱（李欢丽、王威，2015）。第六，美国量化宽松货币政策导致了美联储资产负债表结构的恶化。数据显示，2014年美国住房抵押贷款支持证券的份额已经由0上升到38.41%，这类资产属于"有毒资产"，在传统上不符合央行流动性、安全性的要求。

第四节　美国货币—物价运行的背离分析

虽然货币与物价之间的互动关系在学术界仍然存在一定的分歧，但普遍接受货币—物价正相关这种观点，从长期考察尤其如是。也就是说，物价对货币供给的反映除了在方向上应该基本一致外，其弹性也应该基本稳定。然而，国际金融危机以来美国货币—物价的互动并不符合经济学常理的解释，两者的运行存在显著的背离。

美国劳工部的数据显示，2007～2014 年美国年度核心物价指数分别为 2.8%、3.8%、－0.4%、1.6%、3.2%、2.1%、1.5% 和 1.6%。对这一组数据进行分析，我们可以发现美国物价运行的五个特点：第一，金融危机对于美国的物价运行确实产生了严重冲击，尤其是 2009 年，美国曾经出现实质性通货紧缩。第二，对美国物价运行进行的长期考察显示，美国的潜在 CPI 一直运行在 3% 左右，所以美国学者一般将实际物价水平低于 3% 视为通货紧缩，按照这种观点判断，国际金融危机以来，美国的 CPI 一直运行在通货紧缩区间。第三，因为美国的 CPI 一直运行在通货紧缩区间，所以美联储一直将治理通货紧缩作为量化宽松货币政策的主要目标，尤其是第三轮量化宽松货币政策，甚至将 CPI 上升 2.5% 作为量化标准。第四，2014 年 10 月，美联储宣布退出量化宽松货币政策，但当时的物价水平仍然远低于 2.5% 的政策目标，说明美国退出量化宽松货币政策具有显著的被动性，就连美联储也认为即使进一步量化宽松也难以实现通胀目标。第五，美国的物价运行对基础货币的扩张基本上没有反应，CPI 的增长与基础货币的扩张显著的不成比例。本章讨论的美国货币—物价运行的背离实际上是指两者之间不符合经济学常理的运行状态。

以 2007 年的数据作基数，到 2014 年，美国的基础货币累积扩张了 370.05%，物价的累积增速仅有 15.48%，说明美国货币—物价运行背离的存在。以下两组量化分析能够对美国货币—物价运行背离的结论提供佐证。第一，弹性分析。以物价累积增速 15.48% 作分子，以基础货币增速 370.05% 作分母，我们可以计算出物价对基础货币的区间弹性仅有 0.04。第二，回归分析。以基础货币扩张速度为自变量，以物价指数为因变量，得出的回归方程为：$y = 95.83 + 0.042x$，说明回归系数仅有 0.042。弹性系数和回归系数都说明基础货币每上涨 100%，对应的物价上涨率只有 4%，说明物价对货币基本上没有反应，美国量化宽松货币政策下的货币—物价运行背离的结论成立。

我们认为，导致美国货币—物价背离的主要原因包括流动性囤积、流动性空转和流动性外溢。表 1-1 的数据能够支持我们的观点。

表 1 - 1　　　　　　2007 ~ 2014 年美国货币—物价运行背离相关数据

年份	基础货币 （亿美元）	现金资产 （亿美元）	存款准备 （亿美元）	政府债券 （亿美元）	标普指数 （%）
2007	8 371. 92	3 248. 24	280. 33	11 281. 08	1 468. 36
2008	16 663. 65	10 305. 69	1 673. 11	12 488. 14	903. 25
2009	20 262. 20	12 325. 46	9 705. 23	14 488. 69	1 115. 10
2010	20 170. 00	11 548. 12	10 325. 12	16 432. 87	1 257. 64
2011	26 195. 86	16 782. 71	15 891. 89	17 047. 78	1 257. 60
2012	26 759. 45	16 961. 28	15 695. 89	18 791. 88	1 426. 19
2013	37 174. 50	25 737. 98	25 408. 49	18 065. 67	1 848. 36
2014	39 344. 91	27 990. 41	26 658. 35	20 410. 45	2 058. 90

资料来源：美国联邦储备银行、雅虎财经。

一、流动性囤积

流动性囤积是指中央银行对商业银行投放的流动性被商业银行用现金的方式持有。在货币乘数理论中，由于商业银行的现金资产不参与货币创造过程，所以这一部分资产被称为现金漏损，实际上商业银行的现金资产完全退出货币流通领域我们将它称为流动性囤积。正常情况下，由于现金资产不产生盈利，属于非生息资产，因此，商业银行一般只会少量持有以应付存款客户的现金需求。然而，为了防止客户挤提导致银行流动性链条断裂甚至银行破产，银行会扩大现金持有规模。表 1 - 1 中，现金资产就是美国银行业持有的现金的变化情况。数据显示，2007 年美国银行业持有的现金只有 3 248. 24 亿美元，仅占 2007 年银行总资产的 2.98%，由于 2007 年末美国次贷危机刚出现苗头，银行并未对资产结构进行重大调整，所以这一数据大致上可以视为美国银行业持有现金比例的常态。但是，国际金融危机之后，美国银行业持有的现金规模急剧扩张，到 2014 年末，总规模已经达到 27 990. 41 亿美元，占 2014 年银行总资产的 18.60%。2007 ~ 2014 年，美国银行业持有现金的增量为 24 742. 17 亿美元，同期基础货币的增量为 30 972. 99 亿美元，也就是说，现金持有已经消耗了 79.88% 的基础货币，它说明流动性囤积是美国货币—物价运行背离的重要解释变量之一。

二、流动性空转

流动性空转是指流动性在商业银行与中央银行之间或者商业银行与中央政府之间的运转，也就是说，商业银行在获得中央银行的流动性供应之后，要么用于存款准备，要么用于购买国债，表面上看资金仍然在运转，但是这部分资金实际上都没有进入实体经济部门，不能为经济复苏提供资金支持，属于空转状态。表 1-1 中存款准备是指商业银行缴存中央银行的法定准备和超额准备，反映的是流动性在商业银行与中央银行之间的空转。数据显示，2007 年末美国银行业的存款准备还只有 280.33 亿美元，国际金融危机以后，银行的存款准备急剧增长，到 2014 年末，其规模已经达到 26 658.35 亿美元，比 2007 年增长了 94.1 倍。尤其值得注意的是，美国商业银行在中央银行的存款准备绝大部分是超额准备。2007~2014 年，美国银行业的存款准备增量为 26 378.02 亿美元，是同一时期基础货币增量的 85.17%，它意味着超过 85% 的基础货币投放又通过商业银行的存款准备回流到中央银行。表 1-1 中政府债券是指商业银行持有的国债规模，反映的是资金在商业银行与中央政府之间的空转。数据显示，2007 年末美国商业银行资产中政府债券的规模只有 11 281.08 亿美元，2014 年末这一规模已经达到 20 410.45 亿美元，政府债券的增量与基础货币增量的比率也达到 29.48%，说明资金在商业银行和中央政府之间的空转也相当严重。

三、流动性外溢

流动性外溢是指中央银行投放的流动性并没有进入国内实体经济部门而外溢至国内虚拟经济部门或者国际金融市场。外溢的流动性要么进入国内证券市场，抬升股票价格，制造股市泡沫；要么进入国际大宗商品市场，诱发大宗商品价格暴涨和暴跌；要么进入外汇市场，造成外汇市场剧烈波动。由于美元处于全球货币霸权地位，美元流动性外溢对美国经济和世界经济的影响尤其剧烈。由于流动性外溢统计的困难，迄今为止，并没有官方的有关统计数据，也没有学者的有关估计。但是，数据的缺乏并不完全妨碍我们对量化宽松货币政策下美元流动性外溢的研究。我们认为，以下数据或者事实能够证实美元流动性外溢的存在和影响。第一，美元流动性外溢的第一大目标市场是美国的股票市场。表1-1中标普指数（标普500）的变化能够说明最近几年有庞大的流动性进入了美国证券市场，导致标普在不太长的时期内就快速回升，甚至连续创出历史新高。第二，全球大宗商品市场也是美元流动性外溢的重要市场，在2007~2014年，国际黄金价格和国际石油价格均剧烈波动，都是外溢的美元流动性冲击的结果。第三，全球外汇市场是美元流动性外溢的第三大目标市场。2010~2012年，许多新兴市场国家的货币都曾经急剧升值，这些国家不得不通过下调利率和采取外汇管制等措施应对本币升值，在一定程度上掀起了一轮明显的货币贬值竞争。

第五节　美国货币—汇率运行的背离分析

虽然货币与汇率之间的互动关系学术界仍然存在一定的分歧，但普遍接受货币—汇率负相关这种观点，从长期考察该关系更明显。也就是说，汇率对货币供给的反映除了在方向上应该相反之外，弹性也应该基本稳定。然而，国际金融危机以来美国货币—汇率的互动并不符合经济学常理的解释，两者的运行存在显著的背离。

国际清算银行的数据显示，2007~2014年末美元的实际有效汇率分别为：97.88、106.2、98.96、98.01、98.65、97.31、100.22和108.59。对这一组数据进行分析，我们可以发现美元汇率运行的四个特点：第一，国际金融危机爆发的初期，美元的实际有效汇率确实有所下降，2009年和2010年美元的实际有效汇率都显著低于2008年的水平。第二，量化宽松货币政策实施以后，逻辑上讲美元应该进一步贬值，但美元有效汇率却是持续且相对稳定地上升。第三，2013年和2014年欧债危机不断深化，美元有效汇率快速上升，两者同时出现并不只是时间上的巧合，而存在内在的逻辑联系。第四，从整体上看，美元有效汇率的运行并没有受到量化宽松货币政策下美国基础货币超速扩张的影响，两者的运行不符合经济学常理，呈现显著的背离。

以2007年的数据作基数，到2014年，美元的有效汇率指数累积上升了10.94%，说明美元有效汇率的运行实质上没有受到美国基础货币扩张的影响，美国货币—汇率运行存在背离。以下两组量化分析能够对美国货币—汇率运行背离的结论提供佐证。第一，弹性分析。以汇率累积增速10.94%作分子，以基础货币增速370.05%作分母，我们可以计算出汇率对基础货币的区间弹性为0.03。第二，回归分析。以基础货币扩张速度为自变量，以汇率指数为因变量，得出的回归方程为：$y = 98.05 + 0.03x$，说明回归系数仅有0.03，弹性系数和回归系数都说明基础货币每上涨100%，美元有效汇率不仅不会下降，反而会上涨3%，美国量化宽松货币政策下的货币—汇率运行背离的结论成立。

我们认为对美国货币—汇率运行背离问题能够做出有效解释的变量主要是美国对外债务的扩张创造的美元需求以及欧债危机冲击下的欧元贬值。表1-2的数据能够支持我们的结论。

表1-2　　　　2007~2014年美国货币—汇率运行背离相关数据

年份	美国对外债务（亿美元）			汇率	
	调节性交易	自主性交易	总计	EUR/USD（欧元）	USD/CNY（美元）
2007	28 262.10	106 008.90	134 271.00	1.4601	7.3046
2008	34 160.72	103 335.00	137 495.70	1.3936	6.8346
2009	40 740.85	95 877.06	136 617.90	1.4331	6.8282
2010	48 116.12	97 048.42	145 164.50	1.3383	6.6227
2011	54 005.76	101 075.80	155 081.60	1.2956	6.3009
2012	59 723.29	97 081.43	156 804.80	1.3196	6.2855
2013	64 289.03	100 588.70	164 877.70	1.3746	6.0969
2014	67 869.80	104 710.70	172 580.50	1.2099	6.1190

资料来源：美国联邦储备银行、雅虎财经。

对于美国而言，其本币美元不仅是对外债务的计价货币，同时也是对外债务的偿付货币，因此，美国对外债务的扩张过程实际上是国际金融市场美元的回流过程，美国可以用对外债务的扩张创造美元需求，以平衡国际金融市场上的美元供求关系，稳定美元汇率（胡朝晖、李石凯，2013）。借用国际收支平衡表的项目分类，我们将美国政府部门对外债务和中央银行对外债务统称为调节性交易，将商业银行对外债务、其他部门对外债务和直接投资项下的公司内部跨境借款统称为自主性交易。① 美国财政部的数据显示，2007年美国调节性交易占总债务的比重为21.05%，自主性交易占总债务的比重为78.95%。市场主体处于美国对外债务的主导地位，政府部门则处于美国对外债务的次要地位，这一结构大致上是美国对外债务构成的常态。但是，2008年国际金融危机以来，美国对外债务的结构发生了持续且显著的变化。2014年，美国调节性交易的份额已经达到39.33%，自主性交易的份额则下降到60.67%，很显然，美国对外债务中，调节性交易与自主性交易发生了非对称性变化。整体上考察，美国对外债务的增量完全来自调节性交易，自主性交易对对外债务的贡献率实际上为负。数据说明，通过政府部门对外债务的扩张，美国政府在国际金融市场上创造了37 725.97亿美元的需求，通过中央银行对外债务的扩张，也创造了1 881.73亿美元的需求。我们有理由认为，这两大需要，无疑极大程度刺激了国际金融市场美元需求端的扩张，成为稳定美元汇率最重要的因素。

欧元产生之前，在全球货币体系中，美元并没有真正的竞争对手，但欧元产生以后，全球货币竞争格局发生了显著的变化，最重要的特征是欧元在全球地位不断地上升。对于美国而言，欧元是美元的主要竞争货币，而且因为欧盟是美国最大的贸易伙伴，所以在美元的有效汇率中也是权重最大的货币。因此，如果对欧元进行打压，通过国际金融市场下调欧元与美元的兑换比率，就能够稳定美元汇率。表1-2中EUR/USD和USD/CNY显示的是国际

---

① 国际收支平衡表中自主性交易是指市场交易主体基于自身的利益或其他的考虑而独立发生的交易。调节性交易是指对国际收支不平衡所采取的平衡措施，包括自动性调节和政策性调节，最主要是政策性调节。

金融危机以来，美元双边汇率运行的两种极端形式。数据显示，从 2007 ~ 2014 年，美元兑欧元波动性上升，7 年间累计升值了 20.68%。与美元兑欧元的升值不同，美元兑人民币几乎是持续下行，7 年间累计贬值了 16.23%。很显然，美元有效汇率的稳定与美元兑欧元的升值密切相关。从表面来看，欧元贬值的主要解释变量是欧债危机，但是从欧债危机的产生和演变过程来看，美国因素是欧债危机最重要的外生变量。美国评级机构、对冲基金和舆论媒体在欧洲债务危机中的轮番冲击强化了欧债危机的严重性，增加了欧债危机处置的难度。胡朝晖、李石凯（2012）通过对欧债危机中美国因素的分析，还认为美国主要是借助欧债危机对欧元进行打压，以维护美元的货币全球霸权地位。

通过对外债务创造美元需求和打压欧元稳定美元汇率形成的货币—汇率背离符合美国的根本利益。国际货币基金组织的数据显示，欧债危机爆发以来，欧元的全球储备份额急剧下降了 5.4 个百分点，而美元的全球国际储备份额则上升了 0.8 个百分点，美国维护美元在全球货币霸权地位的目标已基本实现。

第六节　本章小结

为刺激经济复苏，抑制通货紧缩和降低失业水平，国际金融危机以来，美国实行了多轮量化宽松货币政策。基础货币急剧扩张，但基础货币的扩张既没有抬升物价水平，也没有压低美元汇率，美国的货币—物价和货币—汇率运行均出现显著背离。

从表面上看，美国货币—物价运行背离的原因在于流动性囤积、流动性空转和流动性外溢，但深层原因在于量化宽松货币政策的内生缺陷和没有得到根本性改善的金融生态。

美国货币—汇率运行背离的主要解释变量包括对外债务的扩张和欧债危机冲击下的欧元贬值，说明量化宽松货币政策实施以来，美国实际上在实施强势美元政策。由于汇率的长期稳定符合美国的核心利益，所以我们预期，美国货币—汇率运行的背离在相当长时期内仍然会继续。

美国货币—物价运行的背离说明缺乏导流机制的量化宽松货币政策难以实现政策目标，比较而言，中国实施的附带导流机制的定向宽松货币政策更能够保证政策目标的实现。因此，我们建议，如果未来的中国经济仍然需要宽松货币政策的支持，则应该继续实施定向宽松货币政策。

欧盟是美国最大的盟友，面对美元的压力，美国能够不惜牺牲欧盟和欧元，以维护美元的全球货币霸权。美国打压欧元的经验说明，美国因素也许会成为影响人民币国际化进程中最重要的不确定性因素。

第二章　美国量化宽松货币政策
对美国经济的影响：
金融市场的运行

本章导读：

2013 年在美国金融历史上是极其特殊的年份。通过超低利率和量化宽松货币政策，美联储向市场投放的美元流动性规模虽不能说是后无来者，但肯定是前无古人；美国股市摆脱了高失业率和通货紧缩等宏观经济层面不利因素的束缚，标准普尔、道琼斯和纳斯达克股指连创新高；虽然不良贷款率并没有显著地改善，但美国银行产业的业绩显著回升。回顾美国货币政策、证券市场和银行产业，有利于我们进一步把握美国经济复苏的实质。①

第一节　引言

2013 年度美国的货币政策由两部分构成：其一是超低利率。虽然市场一直预期美联储随时都有可能调升从 2008 年底就开始实施的超低利率，美国国会和美联储内部对零利率的争议也相当严重，但整个年度美联储货币政策会议后联邦公开市场委员会都宣布维持超低利率不变。所以整年联邦基金利率都被冻结在历史最低水平。其二是第三轮量化宽松货币政策。自 2012 年底强化第三轮量化宽松货币政策之后，2013 年全年美联储都在以每月 850 亿美元

①　本章以 2013 年数据为研究样本。

的速度购买国债和住房抵押支持证券，向市场注入美元流动性，使得2013年美国的基础货币急剧扩张，美联储的资产负债表也急剧膨胀。

第二节　美国货币政策的运行

图2-1描述的是在超低利率和量化宽松货币政策下2013年美国基准利率和基础货币的运行状况，以右坐标轴为标尺显示的是美国基准利率即联邦基金利率的变化，以左坐标轴为标尺显示的是美国基础货币的变化。

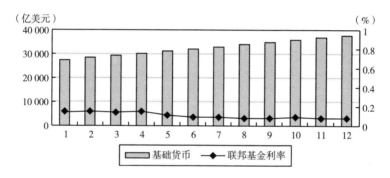

图2-1　2013年美国基准利率和基础货币的运行

资料来源：美国联邦储备银行。

图2-1表明，2013年，美国的联邦基金利率一直在历史最低水平上窄幅波动，最低只有0.08%，最高也只有0.15%。对于美国的联邦基金利率运行，有两点值得我们注意，第一，尽管2013年初美国的联邦基金利率已经低至0.14%，年内的走势却不是回升而是下降，到年底更是低至0.08%；第二，美联储的基准利率目标是0～0.25%，但联邦基金利率实际上都运行在1%上下，远离目标控制区的上轨，也就是说，运行在一个已经低得不能再低、利率政策已经完全失去操作空间的水平。因此，它的运行轨迹接近一条水平线。图2-1还显示，与联邦基金利率几乎冻结不同，2013年全年美国的基础货币都在显著扩张，年末基础货币的存量达到37 695.54亿美元，比2012年末的26 795.45亿美元增长了40.87%，年内基础货币的增量达到

10 900.09 亿美元，仅仅一年的增量已经超过国际金融危机之前美国基础货币 8 371.92 亿美元的存量。关于 2013 年美国基础货币的变化，也有两点值得我们注意：第一，虽然其增速略低于 2008 年，但增量却高于 2008 年，为美国历史上增量之最；第二，多数月份美国基础货币的增量都超过 850 亿美元，月平均增量达到 908.34 亿美元，说明全年美联储都在超计划实施量化宽松货币政策。

美联储第三轮量化宽松货币政策有两大政策目标，第一个政策目标是将失业率降低到 6.5% 之下，以减轻失业压力，第二个政策目标是将居民消费价格指数（CPI）拉升至 2.5% 之上，以减轻通缩压力。但运行一年的效果并不十分令人满意。到 2013 年 12 月，美国的失业率仍然高达 7.2%，CPI 只有 1.2%，显然没有实现美联储推出第三轮量化宽松货币政策时的预期。

第三轮量化宽松货币政策之所以没有明显效果，主要原因在于美国已经陷入深度流动性陷阱，导致货币乘数下降，货币创造能力下降，广义货币扩张的速度显著低于基础货币扩张的速度。美联储的数据显示，2013 年末，美国的广义货币（M2）为 110 368 亿美元，仅仅比 2012 年末的 104 909 亿美元增长 5.20%，仅为基础货币 40.87% 增速的 1/8。

第三轮量化宽松货币政策的直接后果是使得美联储的资产负债表急剧膨胀。数据显示，2012 年末，美联储资产负债表上的资产为 29 073.01 亿美元，负债为 28 525.72 亿美元，资本为 547.28 亿美元。2013 年末资产负债表上的资产为 40 325.75 亿美元，负债为 39 775.57 亿美元，资本为 550.18 亿美元。也就是说，美联储的资产一年内扩张了 38.71%，负债扩张了 39.44%，但资本只增加了 0.53%。我们知道，虽然中央银行并不像商业银行一样有严格的资本充足率要求，但是中央银行也应该维持资产、负债与资本之间的合理比例，以确保中央银行的正常运行与货币信用的稳定。2007 年，美联储资产负债表中的资产为 9 147.76 亿美元，负债为 8 778.76 亿美元，资本为 369.00 亿美元，其资本/资产比例为 4.03%，资本/负债比例为 4.20%，它大致上可以认为是正常情况下美联储资产负债表的合理结构。但是，2013 年末美联储的资本/资产比例已经收缩到只剩下 1.36%，资本/负债比例也收缩到只剩下 1.38%，都已经远远偏离了正常水平。很显然，如果不是依赖于美元的全球货币霸权，美联储就无法维持正常运转，美元更无法维持高等级信用。

第三节 美国证券市场的运行

2013 年美国经济中最引人注目的表现是证券市场的强劲增长，年度内标准普尔、道琼斯和纳斯达克三大指数单边向上，上市公司股价全面上涨，成就了近年少有的长牛市和大牛市。

图 2 - 2 描述的是 2013 年美国标准普尔 500 指数、道琼斯工业平均指数和纳斯达克综合指数的变化。图 2 - 2 显示，2013 年初，标准普尔 500 指数为 1 459.37 点，到年末已经上升到 1 848.36 点，年内上升了 388.99 点，增幅达到 26.65%，如果以 2012 年末的 1 426.19 点为基数，则全年上升了 422.17 点，增幅为 29.60%；2013 年初，道琼斯工业平均指数为 13 412.55 点，到年末已经上升到 16 576.66 点，年内上升了 3 164.11 点，增幅达到 23.59%，如果以 2012 年末的 13 104.10 点为基数，则全年上升了 3 472.56 点，增幅为 26.49%；2013 年初，纳斯达克综合指数为 3 112.26 点，到年末已经上升到 4 176.59 点，年内上升了 1 064.33 点，增幅达到 34.19%，如果以 2012 年末的 3 019.51 点为基数，则全年上升了 1 157.08 点，增幅高达 38.32%。就年

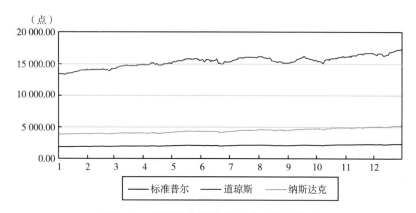

图 2 - 2 美国三大指数 2013 年度运行情况

资料来源：雅虎财经。

末点位而言，标准普尔、道琼斯皆创造了历史新高，纳斯达克也创造了 1999 年以来新高。就增幅而言，道琼斯工业平均指数创造了 1995 年以来最大增幅，标准普尔创造了 1997 年以来最大增幅，纳斯达克则创造 2009 年以来最大增幅。

2013 年美国股市运行具有三个显著的特点。第一，单边上升，屡创新高。虽然 2013 年美国三大股票价格指数年内也有起伏，但下降的时间都很短暂，下降的幅度都很轻微，几乎可以忽略不计。所以不只年 K 线是一条的大阳线，每个月的月 K 线也都是阳线，甚至几乎所有的周 K 线也都是阳线，单边上升趋势明显。正因为单边上升趋势明显，三大指数屡创新高，例如，年度内道琼斯工业平均指数收盘价有 52 天创新高，也就是说，在全年 252 个交易日中，平均 5 天就有 1 天创新高，创新高几乎成为 2013 年美国证券市场运行的常态，应验了牛市中的一句常用语："没有最高，只有更高"。第二，蓝筹领先，全面普涨。2013 美国传统大盘蓝筹公司，例如通用、埃克森美孚、波音等公司，股价都实现了强势上扬，其背后是这些公司良好经营状况的支撑。在持续几年的良好经营活动后，美国大型上市公司都掌握了巨量的现金流，除了用于公司日常业务和经营拓展外，这些上市公司在 2013 年纷纷宣布了股票回购或提高股息的计划。数据显示，美国上市公司全年股票回购规模高达 7 510 亿美元，创下了自 2011 年以来的最大回购规模。在道琼斯工业平均指数成分股公司中，波音、通用电气、辉瑞制药、英特尔和高盛等，全年的回购规模都在 100 亿美元以上，微软回购规模甚至高达 400 亿美元。在蓝筹股的带领下，纽交所和纳斯达克上市公司绝大部分股价都有上升，例如，标准普尔 500 指数的 500 只成分股中有 452 只全年实现上涨，上涨公司的比例超过 90%。第三，压力递增，升速加快。从逻辑上讲，2013 年美国的宏观经济表现并不能支撑股市如此强劲的上升，庞大的政府债务、高企的失业水平，都在压制全年美国股市，特别是 10 月美国联邦政府的关门和 12 月美联储部分退出量化宽松货币政策，都应该是市场的重大利空事件，但股市的调整都只维持了短暂时间，并没有改变股市强劲上扬走势，比如道琼斯工业平均指数 10 月的增幅依然高达 2.75%，12 月的增幅更是高达 3.05%，美国股市似乎已经摆脱宏观经济的束缚走出独立行情，而且宏观经济面压力越大，股市升势越强劲。

关于 2013 年美国证券市场大牛市的成因，有学者认为是美国宏观经济的复苏，也有学者认为是美国微观环境的改善。确实，2013 年是国际金融危机以来美国宏观经济表现最好的一年，但是，失业、通缩、赤字和债务自始至终都笼罩在股市上空，即使经济复苏好于欧洲和日本，但实际国内生产总值（GDP）的增速也仍低于 3%，应该无法支撑股市如此大幅的上升。在微观经济层面，虽然也有某些上市公司基本面确实有大幅改善，盈利能力和盈利水平都有上升，但这并不是普遍现象，无法解释股价的普涨。所以我们认为，2013 年美国大牛市的主要解释变量是量化宽松货币政策下流动性的超常规扩张，是基于美元流动性扩张的货币现象。我们知道，量化宽松货币政策下美联储释放的美元流动性进入美国本土实体经济的部分比重并不太大，绝大部分进入了美国实体经济以外的国际金融市场和美国证券市场。巨量美元流动性进入国际金融市场导致了黄金、石油和其他大宗商品价格的剧烈上涨，以及全球外汇市场的剧烈动荡，大量的美元流动性进入美国证券市场推动了美国股市的持续上行。我们知道，股价的上涨需要成交量的支撑，而成交量的放大需要流动性的注入，正是量化宽松货币政策下庞大的美元流动性注入美国证券市场，才使成交量急剧放大，价格显著上升。彭博社的数据显示，2013 年仅股票交易所交易基金和共同基金就有 1 620 亿美元的资金流入，是 2000 年以来的最大值。

第四节　美国银行产业的运行

银行产业是美国最具有全球竞争优势的产业，自 2011 年起，由金融稳定理事会遴选的 29 家全球系统性重要银行中，美国连续 3 年都有 8 家上榜，以花旗集团、摩根大通、美国银行、富国银行、高盛集团和摩根士丹利为代表的美国银行控股公司长期主导全球商业银行和投资银行产业。银行产业也是美国政府重点保护的产业，在国际金融危机中，美国政府只对两个产业进行了救助，一个是汽车产业；另一个是银行产业，而且对银行产业救助的力度显著大于汽车产业。国际金融危机中，美国的银行产业遭受了巨大冲击，2008 年和 2009 年甚至出现全行业亏损，但美国银行产业也显示出相对强烈的自我修复功能，近两年快速恢复，基本上已经恢复到惯性扩张态势，2013 年的数据进一步说明，美国银行产业复苏的态势得到了强化，见表 2 – 1。

表 2 – 1　　　　　　　　2013 年美国银行产业运行主要指标　　　　　单位：亿美元

项目	第一季度	第二季度	第三季度	第四季度
总资产	133 578. 60	135 667. 97	137 892. 06	140 658. 32
信贷资产	72 837. 48	73 250. 23	73 248. 31	73 475. 57
证券资产	27 134. 01	27 266. 71	26 735. 38	27 216. 28
净利润	402. 92	422. 35	331. 45	450. 00

注：第四季度数据为行业预计数据。

资料来源：美国联邦储备银行。

我们可以先通过观察总资产来考察 2013 年美国银行产业的运行。数据显示，2013 年美国银行产业的总资产呈现稳定扩张的态势，到年末，总资产已经达到 140 658. 32 亿美元，比 2012 年末 131 415. 86 亿美元的总资产增长了7.01%，是国际金融危机以来增长最快的年份。总资产的扩张说明美国银行产业的运行状况良好，从构成总资产的两大板块即信贷资产和证券资产的规模变化考察也是如此。2013 年末美国银行产业信贷资产余额为 73 475. 57 亿美元，比 2012 年末 72 380. 60 亿美元增长了 1. 5%，尽管增速并不明显，但是与前几年信贷资产的萎缩相比已经发生了质的变化。由于银行产业的信贷资产是直接进入实体经济部门的资产，所以信贷资产的增加也能够解释 2013 年美国实体经济的复苏。2013 年美国银行产业证券资产扩张的速度相对缓慢，主要原因是在第三轮量化宽松货币政策下，商业银行已经将持有的国债和住房抵押贷款支持证券出售给中央银行，新增的证券资产规模大致与出售给中央银行的规模相等。这一置换无疑优化了商业银行的资产质量，因为直到 2013 年末大多数出售给央行的住房抵押贷款支持证券仍然是“有毒资产”。

我们也可以通过业绩的变化来考察 2013 年美国银行产业的运行状况。数据显示，第一季度和第二季度美国银行产业的净利润都超过 400 亿美元，由于摩根大通支付了高达 91. 5 亿美元的诉讼费用，导致当季亏损 3. 8 亿美元，所以第三季度美国银行产业的净利润有所收缩，但专家预计第四季度的净利润能够超过 450 亿美元，这样，美国银行产业全年的净利润仍然能够达到 1 600 亿美元以上，比 2012 年的 1 308.06 亿美元增长 22% 以上，也会是国际金融危机以来表现最好的年份。

美国银行产业的复苏也得到了市场的高度承认。标准普尔 500 的分类指数显示，2013 年反映银行类上市公司整体价格变动的标普 KBE 由 24.57 美元上升到 33.17 美元，增幅高达 35.58 %，显著快于大盘的涨幅。主流银行股价的上升势头更加明显，例如，摩根大通的股价由 44.60 美元上升到 58.48 美元，升幅达到 31.12%，高盛集团的股价由 130.94 美元上升到 177.26 美元，升幅更是达到 35.30% 。

美国银行产业的快速复苏显著地提升了它的全球竞争力。历史上，美国银行产业的竞争对手主要来自欧洲，但是，与美国银行产业的快速复苏不同，欧洲银行产业在债务危机冲击下资产收缩，业绩下降，2012 年已经全行业亏损，2013 年的形势更加严峻。所以根据 2013 年度财务数据编制的英国《银行家》杂志"2014 年度全球银行 1 000 排行榜"中，欧洲上榜银行的数量还会显著减少，欧洲主流银行在一级资本、资产规模和税前利润等指标的全球排名还会进一步下降。相反，美国主流银行的全球排名则会进一步上升。

第五节　本章小结

2013 年是美国历史上货币政策最为宽松的年份，在超低利率和量化宽松货币政策支持下，美联储向市场投放的基础货币规模史无前例。在庞大的美元流动性刺激下，美国的证券市场蓬勃向上，银行产业显著复苏。

但是，当时量化宽松货币政策也受到了广泛的质疑。从运行状况考察，量化宽松货币政策远远没有实现其提升就业水平和抑制通货紧缩的政策目标。我们知道，格林斯潘低利率政策的负面效应在多年之后才表现出来，数据回溯显示，伯南克量化宽松货币政策的负面效应在量化宽松的后期阶段逐步显现，量化宽松货币政策的负面冲击比低利率政策更为严重。

2013 年 12 月 19 日，美联储公开市场委员会宣布逐步退出量化宽松货币政策。所以减少基础货币的投放成为 2014 年美国货币政策的主旋律，虽然避免了一次性断崖式退出给市场造成的剧烈冲击，但逐步退出的负面冲击也会不断累积，这种影响到底会有多大尚难预料，不过美国证券市场再出现 2013 年一样的爆发式增长几乎已经没有可能，美国银行产业复苏的速度也会受到一定的压制。

美国退出量化宽松货币政策对全球经济也会产生显著的影响，由于量化宽松货币政策下美联储释放的美元流动性大量流入国际金融市场，全球黄金、石油和其他大宗商品价格暴涨。随着量化宽松货币政策的逐步退出，这一趋势已经并将继续被逆转，美元回流美国会使美元走强，再度成为强势货币，全球外汇市场不确定性和不稳定性会进一步增强。

量化宽松货币政策下的美元贬值为人民币国际化开启了一个良好的时间窗口，我国政府也顺势加快了人民币国际化进程。我们认为，虽然美国逐步退出量化宽松货币政策不会完全关闭人民币国际化的时间窗口，但是必定会增加继续推进人民币国际化的难度，影响人民币国际化的进程，我们有必要对人民币国际化战略进行适时调整。

第三章 美国量化宽松货币政策的失灵：流动性陷阱视角

本章导读：

美国实施量化宽松货币政策的政策目标是刺激经济复苏、降低失业水平和抑制通货紧缩，但美国经济的运行却说明量化宽松货币政策无效。研究显示，美国存在显著的流动性陷阱，严重影响了量化宽松货币政策的实施效果。因为流动性陷阱的存在，所以 2012 年 12 月，美国联邦储备银行推出的时间上无期限、规模上无上限的加强版第三轮量化宽松货币政策也没有扭转美国高失业和通货紧缩的现实。[①]

第一节 引言

2012 年 12 月 13 日，美国联邦储备银行公开市场委员会（FOMC）宣布推出加强版第三轮量化宽松货币政策：在继续维持原有量化宽松货币政策每月购买 400 亿美元的机构抵押支持证券（MBS）的基础上，再每月购买 450 亿美元的长期国债，直到失业率降至 6.5% 以下和通胀率达到 2.5% 的水平。虽然加强版第三轮量化宽松货币政策与前几轮量化宽松货币政策有所不同，在时间上无期限，规模上无上限，但与前几轮量化宽松货币政策一样，美国也希望通过基础货币的扩张刺激经济复苏、降低失业水平和抑

---

① 本章以 2001～2013 年的数据为研究样本。

制通货紧缩。[①]

本章利用美国联邦储备银行公布的美国银行体系资产负债表中资产结构的变化，说明美国存在强烈的流动性偏好。基于美国的基础货币与广义货币数据，我们计算美国的广义货币乘数，并对金融危机前后美国的广义货币乘数进行对比分析，说明美国已经如 20 世纪 90 年代的日本一样陷入显著的流动性陷阱。本章认为，流动性偏好、流动性陷阱是美国量化宽松货币政策失灵的主要解释变量，由于流动性偏好、流动性陷阱仍然存在，我们有理由相信美国加强版第三轮量化宽松货币政策将仍然无效。

第二节　文献综述

美国实施量化宽松货币政策的理论基础来源于现任美联储主席伯南克对大萧条治理理论的研究。伯南克（Bernanke，2004）针对大萧条期间利率政策无效和货币供应的紧缩进行了研究，认为对付危机必须加大货币供应量，量化宽松货币政策可以避免通货紧缩，给人们带来通货膨胀预期，刺激消费，拉动需求。维斯克和沃德福（Vasco and Woodford，2010）对伯南克的理论进行了补充，他们认为虽然严格意义上的量化宽松效果不明显，但当金融市场严重受损时，央行量化宽松货币政策下的目标资产购买有效性显著。但是，对量化宽松货币政策进行实证研究的结论往往与伯南克的理论相悖。藤原一平（Fujiwara，2006）认为，CPI 对于货币供应量的反应显著为正，但是当利率接近零时，这种效果非常微弱。王晓雷、刘昊虹（2011）的研究表明，量化宽松货币政策不仅没有带来美国经济的复苏反而导致全球美元流动性泛滥，强化了全球经济运行的不稳定性和不确定性。李石凯、黄剑（2011）认为美国政府通过量化宽松货币政策释放的流动性被截留在银行体系内部，不能形成满足市场投资需求的流动性供给，国内

---

① 对于加强版第三轮量化宽松货币政策，不少新闻媒体将其称为第四轮量化宽松货币政策，严格意义上讲，这只第三轮货币政策的一个升级，称之为第四轮量化宽松货币政策有失严谨。

投资不能扩张，失业率就不可能下降，其结果必然导致量化宽松货币政策就业效应的失灵。向松祚（2012）认为量化宽松货币政策不会如伯南克所期望的那样发挥作用，理由在于利率传导机制的有效性分为两个渠道。第一，央行货币政策操作是否能降低市场利率水平；第二，利率水平是否能有效刺激投资和消费。然而，美国的第一个渠道已失效，第二个渠道自然难以发挥作用。马红霞、孙雪芬（2011）认为美国对金融机构的救助、大规模资产收购计划，并没有改善货币市场条件，反而导致 LIBOR-OIS 利差扩大。

流动性陷阱也称凯恩斯陷阱，早期的流动性陷阱理论认为当利率水平足够低，特别是利率接近于零的时候，由于流动性偏好的作用，人们更愿意持有现金，扩张性货币政策下基础货币的增加会被现金漏损冲销，导致银行贷款、商业投资和个人消费停滞，扩张性货币政策失灵。后期的流动性陷阱理论认为，在利率足够低且经济衰退预期增强时，投机性货币需求利率弹性无穷大，扩张性货币政策下基础货币的增加会大部分甚至全部被投机性货币需求吸收，消费与投资停滞，扩张性货币政策无效。很显然，早期的流动性陷阱理论试图用流动性偏好解释流动性陷阱的存在，而后期的则用投机性货币需求来解释流动性陷阱的存在，但不管是早期的还是后期的流动性陷阱理论均认为，如果存在流动性陷阱，则扩张性货币政策无效。

最早实施零利率政策下的货币政策实践的是日本，但量化宽松货币政策并没有帮助日本走出经济衰退和通货紧缩。幸雄晃（Sadahiro，2005）根据1996～2004 年日本经济运行的数据进行研究，得出的结论是产出对量化宽松政策的反应为正，但是幅度很小，而通货膨胀率反应为负。因此，在名义利率为零时，日本通过量化宽松实施的扩张性货币政策无效。木村等（Kimura，2003）认为在利率为零时，无法得出经济结构对于量化宽松货币政策的反应机制，无法证明量化宽松货币政策能有效地改善经济环境，拉动经济增长。现有关于日本经济问题的研究文献显示，日本量化宽松货币政策失灵的原因主要是日本存在显著的流动性陷阱。克鲁格曼（Krugman，2000）和刘光友（2009）的研究结论都支持这种观点。

第三节　国际金融危机以来美国的基础货币投放

自 2007 年次贷危机爆发以来，美国货币政策由三部分构成：第一是零利率政策；第二是扭曲操作货币政策；第三是量化宽松货币政策，总体上讲是通过超宽松的货币政策扩大基础货币投放。由于 2008 年 12 月之后美国的联邦基金利率下降到 0 ~ 0.25%，已经没有继续下调的空间，而扭曲操作货币政策实施的时间也不长，所以国际金融危机之后美国货币政策中起主导作用的是量化宽松货币政策。

从逻辑上讲，零利率政策属于价格型宽松货币政策，扭曲操作属于准价格型宽松货币政策，量化宽松属于数量型宽松货币政策。由于都是宽松货币政策，其实施结果都是基础货币的快速扩张。图 3 - 1 描述的是 2001 ~ 2013 年美国基础货币的变动情况。

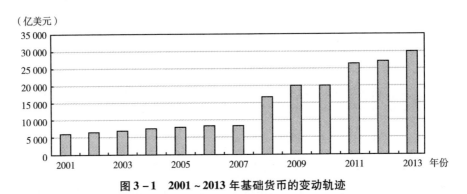

图 3 - 1　2001 ~ 2013 年基础货币的变动轨迹

资料来源：美国联邦储备银行。

图 3 - 1 显示，2001 年末美国的基础货币总规模只有 6 398.99 亿美元，此后虽然每年都有一定的扩张，但是到次贷危机爆发初期的 2007 年末，美国的基础货币总规模仍然只有 8 363.52 亿美元，这一段时期美国基础货币的年均增量为 327.42 亿美元，年均增速为 4.56%，大致与此前美国基础货币的年均增速相当，也与同期 GDP 的年均增速保持了一个合理的比例。次贷危机尤其是金融危机爆发之后，随着零利率、扭曲操作，特别是量化宽松货币政策的

实施，美国的基础货币投放急剧膨胀。例如，2008 年美国的基础货币增量达到 8 275.71 亿美元，是有史以来增量的最高纪录；增速达到了 98.95%，也是有史以来增速的最高纪录；2008 年末的基础货币规模为 16 639.23 亿美元，是有史以来美国基础货币首次突破 1 万亿美元大关。2009 年末，美国基础货币突破 2 万亿美元，达到 20 262.14 亿美元，使美国的基础货币再上一个新台阶。第二轮量化宽松货币政策实施的 2011 年，美国的基础货币增量也达到了 6 016.67 亿美元，仅当年的增量就超过了 2001 年末的存量。2012 年末，美国的基础货币规模为 26 750.68 亿美元，比 2007 年末增长了 219.85%。以 2007 年末的基础货币为基数，最近 5 年美国基础货币的年均增量为 3 677.43 亿美元，是 2001~2007 年年均增量的 10 倍有余，年均增速为 26.17%，是 2001~2007 年年均增速的 5 倍有余。值得注意的是，到 2013 年 5 月，美国的基础货币已经突破 3 万亿美元，达到 30 115.64 亿美元，按照每月扩张 850 亿美元的速度，到 2013 年底，美国的基础货币将达到 36 065.64 亿美元。

从总体上看，美国实施的是由零利率政策、扭曲操作货币政策和量化宽松货币政策构成的超宽松货币政策。由于货币政策的超宽松，美国的基础货币急速膨胀，如果美国实施超宽松货币政策的目标仅限于扩大货币投放，那么其效果是明显的，但显然基础货币的扩张仅仅是美国超宽松货币政策的中介目标，而超宽松货币政策的最终目标是刺激经济复苏、降低失业水平和抑制通货紧缩，从最终目标考察，美国超宽松货币政策显然是失灵的。根据美国联邦储备银行的数据，2013 年 5 月美国的消费者物价指数为 1.1%，仍然徘徊在通货紧缩边缘，离 2.5% 的政策目标有 1.4 个百分点的差距。根据美国劳工部的数据，2013 年 5 月美国的失业率为 7.6%，仍然是正常时期失业率的 2 倍，并且比 6.5% 的政策目标高出 1.1 个百分点。根据美国商务部经济分析局公布的最终数据，2013 年第一季度美国实际 GDP 的增长率也只有 1.8%，而且前景并不乐观。

第四节　流动性偏好

所谓流动性偏好实际上是现金偏好，在经济增长预期不佳的背景下，居民和企业会放弃生利资本而选择非生利的现金以满足交易性需求、预防性需求和投机性需求。流动性偏好理论是凯恩斯提出的，按照凯恩斯的解释，交易性需求是指为应付日常交易需要而持有一部分货币的动机，这一货币需求量主要决定于收入，收入越高，交易数量越大，所需货币数量越多。预防性需求即为预防意外的支出而持有一部分货币的动机，投机性需求即人们为抓住有利的购买生利资产的机会而持有一部分货币的动机。通常情况下，人们会根据预期收入对资产结构进行调整，在收益预期下降的情况下，人们会提高现金持有的比例，在低利率的背景下，人们持有现金的机会成本会降低，所以低利率也会强化流动性偏好。逻辑上讲，商业银行会根据人们流动性偏好的变化调整其资产结构，所以我们可以通过观察美国商业银行资产结构的变化来说明美国流动性偏好的程度。

美国商业银行的资产由信贷资产、证券资产、现金资产和其他资产四大部分构成，正常情况下，现金资产是美国商业银行中份额最小的资产项目，通常都在5%以下。比较国际金融危机前后美国商业银行资产规模和资产结构的变化，我们能够发现流动性偏好的存在以及流动性偏好对美国宏观经济的影响。

表3-1描述的是2001~2013年美国所有银行总资产及其构成，表3-1显示，国际金融危机之前，美国商业银行的资产结构维持了基本的稳定，2001~2007年，美国商业银行的信贷资产在61%~63%变化，证券资产在19%~20%变化，现金资产在3%~5%变化，其他资产在13%~15%变化，其波动幅度在2个百分点左右。但是，国际金融危机之后，美国商业银行资产结构的稳定性显著地受到了破坏，最根本的原因在于现金资产的快速扩张。对比2013年4月与2007年底的数据，我们能发现，美国商业银行资产中现金资产增加了421.68%，而同期证券资产增长30.97%，信贷资产仅增长7.52%，而其他资产甚至收缩了13.43%。从结构上看，2013年美国商业银行现金资产的份额为14.67%，比2007年的2.93%提高了11.74个百分点。证券资产的份额为20.55%，仅比2007年提高了1.09个百分点，信贷资产的份额为54.48%，比2007年下降了8.48个百分点，其他资产的份额为10.30%，比2007年收缩了4.46个百分点。

表3－1　　　　　　　　2001～2013年美国所有银行总资产及其构成　　　　　单位：亿美元

年份	信贷	证券	现金	其他资产	合计
2001	38 993.24	13 075.36	3 025.48	8 745.60	63 839.67
2002	41 491.72	14 904.42	3 179.65	9 651.17	69 226.95
2003	43 771.39	16 219.49	3 115.04	9 915.54	73 021.46
2004	48 409.83	17 414.05	3 188.16	11 197.29	80 209.33
2005	54 486.11	18 525.46	3 259.96	11 326.46	87 597.99
2006	61 032.54	19 851.70	3 165.69	13 315.53	97 365.45
2007	67 894.43	21 027.10	3 162.07	15 949.87	108 033.47
2008	72 469.00	20 954.72	10 078.79	19 434.95	122 937.46
2009	66 584.78	23 240.92	12 067.54	14 955.48	116 848.72
2010	67 528.14	24 266.76	11 399.65	14 638.32	117 832.88
2011	69 061.24	24 948.92	16 630.36	14 204.29	124 844.81
2012	72 121.37	27 365.93	16 781.65	14 213.10	130 482.06
2013	73 000.02	27 538.26	19 657.86	13 807.50	134 003.59

资料来源：美国联邦储备银行。

我们知道，商业银行的信贷直接作用于消费与投资，国际金融危机之后美国商业银行信贷资产仅增长7.52%，年均增速只有1.37%，它能够解释国际金融危机后美国经济的停滞和失业的高企。证券资产主要作用于股票市场，国际金融危机之后美国商业银行证券资产的扩张能够解释股票市场的强劲复苏。现金资产的扩张反映的是国际金融危机之后美国居民流动性偏好的不断强化，值得注意的是，由于流动性偏好的强化，美国联邦储备银行增加的货币供给的绝大部分被现金漏损所吞噬。2013年4月美国商业银行持有的现金资产为19 657.86亿美元，比2007年末的3 162.07亿美元增加了16 495.78亿美元。2013年4月，美国的基础货币为3 115.64亿美元，比2007年末的8 297.62亿美元增加了21 818.02亿美元，商业银行现金的增量占中央银行基础货币增量的75.61%，说明中央银行增加的基础货币投放有超过3/4被商业银行用现金的形式持有，沉淀在银行体系。更加值得注意的是，第三轮量化宽松货币政策并没有弱化美国居民的流动性偏好。2013年4月，美国商业银行持有的现金资产比2012年底增长了2 872.40亿美元，占同期美国联邦储备银行基础货币增量3 372.52亿美元的75.60%，说明当前美国居民仍然存在强烈的流动性偏好。

第五节　流动性陷阱

流动性偏好不断强化的必然结果是流动性陷阱的出现。从逻辑上讲，在利率足够低且经济衰退预期增强的时候，流动性偏好增强和投机性货币需求弹性提高，会造成一个国家出现流动性陷阱（敬志勇等，2013）。广义货币乘数是广义货币（M2）与基础货币（MB）的比率，它反映银行体系的信用创造能力。如果不存在流动性陷阱，广义货币乘数会接近于一个常数，在一个相对稳定的区间内运行。如果存在流动性陷阱，不管是来源于现金漏损还是投机性货币需求弹性扩张，广义货币乘数都会显著下降，因此，我们有理由根据广义货币乘数的变化来判断一个经济体是否存在流动性陷阱。

美国联邦储备银行提供了基础货币与广义货币的基础数据，根据这些数据我们可以计算美国广义货币乘数的月度数据。图3-2描述的是2001~2013年美国广义货币的运行。

图3-2显示，从2001~2007年即国际金融危机爆发之前，美国的货币乘数大致上以8.5为均值在一个相对稳定的区间内运行。如果将时间再往前推移，得出的结论也基本类似，所以我们可以认为，国际金融危机之前，美国的货币乘数属于正常水平，不存在流动性陷阱。但是，国际金融危机之后，美国的货币乘数出现了显著的下行，2008年10月下降至7.02，已经远低于危机前的最低水平8.36，标志着美国已经正式陷入流动性陷阱。2008年12月，美国的货币乘数进一步下降到5以下，表明美国已经深度陷入流动性陷阱而且货币乘数的下降还没有停止，到2011年6月，美国的货币乘数下降到3.44，几乎只有危机前货币乘数最高水平的1/3。虽然2011年6月以后美国的货币乘数略有回升，但到2013年6月也仍然只有3.31，毫无疑问地说明美国仍然处于深度的流动性陷阱之中。

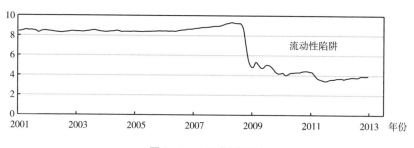

图 3 - 2　M2 货币乘数

资料来源：美国联邦储备银行。

第六节　金融生态恶化

美国流动性陷阱的存在导致扩张性货币政策特别是量化宽松货币政策的传导机制失灵，扩张性货币政策投放的基础货币被滞留在金融体系内部，无法通过信用创造使广义货币得到相应的扩张。而美国流动性陷阱的形成主要是因为美国金融生态的恶化，我们可以通过违约率、冲销率和净利差来说明美国金融生态的恶化状况，并用来解释流动性陷阱的形成机理。

违约率是银行体系违约资产占总资产的比率，反映银行的资产质量，违约率越高，资产质量越差，违约率越低，资产质量越好。冲销率是银行体系冲销的不良资产与总资产的比率，反映银行对违约资产的消化状况，它取决于违约率的高低和银行体系消化不良资产的能力。净利差是银行体系贷款平均利率与存款平均利率的差额，它决定银行的盈利水平。通常而言，如果银行体系的净利差高于违约率，银行扩张信贷有利可图，则银行有扩张信贷的冲动，中央银行的基础货币投放能够促使银行信贷扩张，进而拉动经济增长和降低失业水平。如果违约率高于净利差，银行放贷无利可图，银行会主动收缩信贷，中央银行的基础货币投放无法促使信贷扩张，不能达到刺激经济和降低失业水平的目标。一个金融生态优良的金融体系中，违约率会保持在较低水平，净利差高于违约率，且差距在一个合理的区间内运行。在一个金融生态恶化的金融体系中，违约率会不断上升，违约率高于净利差。

图 3 - 3 根据美国联邦储备银行和美国联邦存款保险公司的数据，描述了 2001 ~ 2013 年美国银行总体违约率、冲销率和净利差的变化。图 3 - 3 显示，金融危机之前，美国银行体系的违约率一直运行在一个相对较低的水平，2004 年第一季度到 2007 年第二季度期间，违约率甚至低于 2%。但是 2007 年第三季度开始，违约率攀升，到 2010 年第一季度出现了 7.4% 的峰值，这是危机前平均水平的 3 倍，所以金融危机导致了美国金融生态的严重恶化。此后，虽然违约率有所下降，到 2013 年第一季度已经下降到 4.41%，但它并不能够说明美国的金融生态有所改善。得出这一结论的理由有两个：第一，高出 4% 的违约率几乎是正常水平的两倍；第二，违约率的下降并不是来源于违约资产的减少，而是主要来源于商业银行自身对不良资产的消化和美国政府对银行体系有毒资产的收购，冲销率的数据能够支持我们的这一结论。图 3 - 3 中冲销率的数据显示，金融危机之前由于违约率不高，银行体系消化不良资产的压力较小，冲销率也普遍较低，一般都在 1% 之下，而且上一季度的冲销能显著地降低当季的违约率。从 2007 年第三季度开始，银行体系的冲销率显著上升，2009 年的第四季度甚至达到了 3.04% 的高峰，到 2010 年第四季度仍然高于 2%。逻辑上讲，如此高的冲销率会严重恶化银行体系的资产负债表，它说明银行体系为消化不良资产做出了巨大努力。然而，长期的高冲销率是不可持续的，所以 2011 年开始冲销率有所下降，到 2013 年第一季度，冲销率降低到 0.87%。值得注意的是，如果金融生态改善，高的冲销率能有效地降低违约率，当季违约率的降幅应该高于上一季度的冲销幅度，但实际情况并不是这样。总体来看，即使 2013 年第一季度，违约率下降的幅度也小于上期冲销率，说明美国的金融生态迄今为止并没有根本性的改善。将违约率与净利差进行比较能够进一步说明美国金融生态恶化的现实。图 3 - 3 中的净利差曲线显示，净利差基本上在一个相对较窄的区间内运行，而且金融危机前后并没有太显著的差异，但是金融危机之前净利差普遍高于违约率，幅度都高于 1%，说明银行贷款的利差收益能够足够冲抵违约损失，是金融生态正常的反映。2007 年第三季度开始，净利差与违约率的差异显著收缩，到 2008 年第三季度出现负值，它说明金融生态严重恶化，银行放贷的收益已经不足以抵消违约损失，银行收缩贷款是必然的选择。

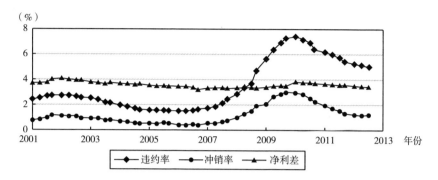

图 3 - 3 2001～2013 年美国银行体系违约率、冲销率和净利差的变化

资料来源：美国联邦储备银行、美国联邦存款保险公司。

金融生态恶化导致流动性陷阱形成的基本逻辑是在金融生态恶化的背景下，银行放贷无利可图，银行会改变资产配置，收缩信贷资产份额，扩大现金资产份额，其结果是流动性创造能力下降，流动性陷阱加深。值得我们注意的现实是，到 2013 年底，美国的金融生态也没有根本性的好转，违约率仍然远高于净利差，银行对不良贷款的消化也没有显著地降低违约率，所以我们有理由认为，在未来相当长一段时间，美国的流动性陷阱问题难以扭转。

第七节 本章小结

美国实施量化宽松货币政策的目标是刺激经济复苏、降低失业水平和抑制通货紧缩，通过量化宽松货币政策，美国联邦储备银行向银行体系投放了庞大的基础货币，但美国经济运行的实践表明，美国仍然没有走出经济衰退、失业高企和通货紧缩困局，量化宽松货币政策显著失灵。无论是就业水平还是通货紧缩状况都与预期目标相距甚远，这进一步佐证了量化宽松货币政策无效的事实。

流动性陷阱理论认为，如果存在流动性陷阱，现金漏损和投机性货币需求增加会导致扩张性货币政策无效。美国广义货币乘数的运行显示，美国已经深度陷入流动性陷阱。运用流动性陷阱理论，我们能很好地理解美国量化宽松货币政策失灵的原因。我们有理由认为，流动性陷阱是美国量化宽松货币政策失灵的重要解释变量。

流动性陷阱的形成主要是由美国金融生态的恶化所致。可见，单纯的基础货币地扩张不可能为美国的经济复苏带来明显的成效，改善金融生态才是行之有效的方法。

广义货币乘数的运行显示，量化宽松货币政策实施期间，美国深陷流动性陷阱，日本的"失去的二十年"的教训说明流动性陷阱的治理是一个长期的过程。所以我们有理由认为，短期内美国不可能走出流动性陷阱，加强版第三轮量化宽松货币政策无效是必然的结果。

虽然对于美国经济而言，量化宽松货币政策是无效的，但是美国量化宽松货币政策已经对全球经济产生重大影响，这些影响包括全球美元流动性泛滥、新兴市场经济体系输入性通货膨胀和全球竞争性通货贬值，增加了全球经济未来走势的不确定性与不稳定性。作为全球最大的新兴市场经济体，中国有必要密切关注美国货币政策的动态并做好应对预案。

第四章 美国量化宽松货币政策的失灵：就业效应视角

本章导读：

在量化宽松货币政策下，美国的经济衰退得到了显著遏制，但失业率却持续在高水平运行，表明量化宽松货币政策对降低失业水平无效。研究显示，金融危机造成了美国金融生态的明显恶化，银行体系采取了紧缩信贷的应对措施，因此，美国政府通过量化宽松货币政策释放的流动性被截留在银行体系内部，不能形成满足市场投资需求的流动性供给，国内投资不能扩张，失业率就不可能下降，其结果必然导致量化宽松货币政策就业效应的失灵。①

第一节 引言

2007 年 7 月，以美国第五大投资银行贝尔斯登被摩根大通收购为标志，美国爆发了次贷危机。2008 年 9 月，以美国第四大投资银行雷曼兄弟的破产倒闭为标志，次贷危机升级成金融危机并迅速波及全球，形成国际金融危机。在金融危机冲击下，美国经济在 2007 年和 2008 年连续两年出现衰退，同时伴随着失业率的急剧上升。为应对金融危机，美国首先推出了一项规模达7 800 亿美元的经济救助计划，此举虽然拯救了濒临严重财务危机的花旗集团、高盛集团、美国国际集团等金融机构和通用汽车、福特汽车等实体企业，

---

① 本章以 2000～2010 年的相关数据为研究样本。

但未能抑制经济的衰退和失业率的上升；其次美国联邦储备银行于2008年3月和2010年11月推出了两轮规模分别为12 000亿美元、6 000亿美元的量化宽松货币政策。

美国联邦储备银行出台量化宽松货币政策的目标，主要是希望通过流动性的释放刺激国内消费与投资，并通过国内消费与投资的扩张拉动经济增长和降低失业水平。美国商务部的数据显示，2010年美国的实际国内生产总值（GDP）增长率为2.8%，这说明量化宽松货币政策实施以来，美国的经济已经显著复苏，但是，美国劳工部的数据显示，2010年美国的失业率高达9.6%，这说明量化宽松货币政策在治理失业方面是无效的。

关于量化宽松货币政策的研究，王晓雷、刘昊虹（2010）的研究说明，量化宽松货币政策会导致美元贬值，抑制美国的进口、刺激美国的出口，从而改善美国的贸易收支，它能够部分解释量化宽松货币政策下美国经济增长的原因。潘成夫（2009）的研究认为，政府救助与量化宽松货币政策结合能够缓解美国的经济衰退。关于美国的金融生态问题，李石凯（2010）的研究认为，金融危机冲击下美国的金融生态显著恶化并引起了一系列的后果。

本章以金融生态为切入点，研究金融危机冲击下美国金融生态的恶化、金融生态恶化约束下的银行信贷、银行信贷收缩背景下的国内投资与就业的逻辑演进过程，以期说明在量化宽松货币政策的刺激下美国的失业率为什么仍然居高不下，即量化宽松货币政策的就业效应为什么会失灵。

第二节　金融危机冲击下美国金融生态的恶化

无论是资产规模还是资本实力，美国均是当代全球的领跑者，在长期的市场经济建设和实践中，美国也维持了良好的金融生态。具体表现为：虽然几乎所有的企业和个人都与银行发生极其复杂的金融联系，但由于高昂的违约成本却极少出现违约行为。所以在美国，维持良好的金融生态并不仅是金融监管当局、金融机构的事情，也是所有公民的责任。在良好的金融生态中，美国的金融体系能够很好地运转，金融需求得到了充分的供给。但是，金融危机彻底打破了美国金融生态的平衡，由于资产价格缩水，大量的银行贷款抵押品价值下降，美国的借款人尤其是房贷客户纷纷违约，不良贷款在银行体系内不断累积，导致大量问题银行的出现，相当多的银行甚至破产倒闭。

美国金融生态恶化的第一个证据是贷款违约率持续且剧烈上升。根据美国联邦储备银行的数据显示，次贷危机前，美国银行体系中的贷款违约率一直都运行在2%以下，即使2001～2002年的新经济泡沫破裂也没有改变银行贷款违约率低位运行的特征。次贷危机成为美国银行贷款违约率运行的拐点，2008年第一季度和第二季度，美国银行体系中的贷款违约率接连突破了3%和4%。金融危机又进一步加快了美国银行体系贷款的恶化速度，2009年第一季度超过5%，第二季度达到了7.9%，第三季度和第四季度都超过了9%，2010年第二季度出现峰值10.2%，2010年第三季度和第四季度虽然略有下降，但仍然维持在接近10%的高位水平。金融危机后美国银行体系贷款违约率的平均水平是金融危机前的5倍。另外一组同样来自FRB的不良贷款冲销率数据是对贷款违约率的补充。在正常情况下，银行没有太多的不良贷款，不良贷款冲销率自然很低，例如，2000～2007年的平均水平不足1%，而且绝大部分时期都在1%以下。但2008年之后，美国银行体系的不良贷款冲销率显著提升，2008年第一季度已经超过1%，2009年第二季度再超过2%，2010年第四季度仍然高达2.03%。不良贷款冲销率的持续上升，说明美国的银行在尽力消化不良贷款，即使在这一背景下，美国银行体系的贷款违约率仍然还是在快速上升，它更加充分地说明了美国金融生态恶化的严重程度。

第二个能说明美国金融生态严重恶化的证据是银行体系中的问题银行和破产银行的数量。在良好的金融生态下，美国银行体系中问题银行和破产银行数量不多，但金融危机爆发以来，随着金融生态的恶化和贷款违约率高企，不断恶化银行的资产负债表、损益表和现金流量表，众多银行成为问题银行甚至破产倒闭。

在金融生态正常的年份，美国也会有部分银行由于自身经营管理不善成为问题银行，这些银行可以通过成本控制和资产重组走出困境，大多数并不一定会破产倒闭。表4-1显示，在2007年以前，虽然也存在一定数量的问题银行，但破产倒闭的银行数量并不太多。金融危机以来，美国的问题银行数量和破产银行数量都急剧增长。例如，2010 年的问题银行有 884 家，比 2000～2006 年这 7 年的问题银行总数还多；2010 年的破产银行数量达到 157 家，是 2000～2006 年破产银行总数的 5 倍。问题的严重性还在于，问题银行和破产银行的数量仍在继续增加，它意味着美国的金融生态并没有得到实质性的改善。由于美国的银行总数在持续减少，比较问题银行占比和破产银行占比更加能够说明美国当时的困境。2000 年，美国的商业银行和储蓄银行总数为 9 904 家，问题银行占比为 0.95%，破产银行占比为 0.07%；2010 年，美国的商业银行和储蓄银行总数为 7 657 家，问题银行占比上升到 11.5%，是 2000 年的 12 倍，破产银行占比为 2.1%，是 2000 年的 30 倍。

表 4－1　　　　　　2000～2010 年美国问题银行和倒闭银行数量的变化　　　　单位：家

	2000 年	2001 年	2002 年	2003 年	2004 年	2005 年	2006 年	2007 年	2008 年	2009 年	2010 年
问题银行	94	114	136	116	80	52	50	76	252	702	884
破产银行	7	4	11	3	4	0	0	3	25	140	157

资料来源：美国联邦存款保险公司。

数据显示，量化宽松货币政策没有扭转金融危机造成的银行贷款违约率持续上升的态势，也没有扭转美国问题银行和破产银行不断增加的态势。由此可以得出的结论是，量化宽松货币政策对改善美国的金融生态无效。事实上，量化宽松货币政策是一项纯粹的货币政策，它也许能够解决通货紧缩问题，但却无法解决金融生态问题。在实施量化宽松货币政策两年之后，美国仍然没有走出通货紧缩的困境，说明在恶化的金融生态中，量化宽松货币政策对解决通货紧缩问题也是无效的。

第三节　金融生态恶化约束下的银行信贷

在恶劣的金融生态中，美国的银行面临两方面的压力。第一，为避免问题银行、破产银行的经营压力，对于所有的银行而言，处置不良资产、优化资产结构成了银行的首要任务，其工作重心是处理资产存量而不是进行资产扩张。第二，面对持续上升的贷款违约率，一方面，为了防止新的不良贷款的形成，银行必定强化风险管理、提高信贷门槛，因此，金融生态恶化的必然结果是银行信贷规模的收缩，美国的情况正是如此；另一方面，单纯从银行的角度考虑，银行的信贷规模取决于银行的放贷能力和银行的放贷意愿两个因素。量化宽松货币政策下，商业银行获得了中央银行释放的大量流动性，提升了银行的放贷能力，但放贷意愿则由金融市场环境、贷款风险与收益等决定，它与量化宽松货币政策无关，金融生态的优劣与银行的放贷意愿强弱正相关。量化宽松货币政策虽然能够提高银行的放贷能力，但由于不能改善恶化的金融生态，因而不能提升放贷意愿。因此，量化宽松货币政策在总体上不能促使银行扩大信贷规模。

图 4-1 描述的是 2000~2010 年美国银行体系年末贷款余额的变化。2000~2007 年的贷款余额年均增量为 5 837.11 亿美元，年均增速为 10.95%，考虑到这 8 年美国的经济增长和就业都没有出现太大的问题，我们有理由假设，这 8 年美国银行体系信贷的增长能够同时满足经济增长和充分就业的信贷供给。基于此，可以对 2007 年之后能够同时满足经济增长和充分就业要求的银行信贷规模作一个趋势外推预测。第一，按照年均增量进行外推，2008 年、2009 年和 2010 年 3 年的趋势值分别是 84 897 亿美元、90 734 亿美元和 96 571 亿美元；第二，按照年均增速外推预测，2008 年、2009 年和 2010 年 3 年的趋势值分别为 87 717 亿美元、97 372 亿美元和 107 979 亿美元。但是，由于金

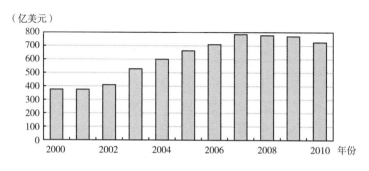

图 4-1 美国银行信贷规模的变化

资料来源：美国联邦存款保险公司。

融危机造成金融生态恶化的影响，2008 年美国的银行信贷不仅没有增长，还下降了 7.84%；2010 年，美国的银行信贷又比 2009 年收缩了 5.58%，进一步扩大了与趋势值的距离。2008 年、2009 年和 2010 年 3 年美国银行体系信贷的实际值分别为 72 860 亿美元、78 060 亿美元和 73 760 亿美元，仅是按年均增量测算得到趋势值的 85.82%、86.10% 和 86.38%，分别是按年均增速测算得到趋势值的 83.06%、80.20% 和 68.31%。

也许有人会认为，美国银行体系信贷规模的收缩是由于美国银行体系资产规模的收缩所致，因为量化宽松货币政策并不能扩张银行体系的资产规模，而只能调整银行体系的资产结构，如果金融危机已经导致美国银行体系资产规模的大幅度收缩，那么，银行信贷规模的收缩也就顺理成章。表 4 - 2 说明，金融危机确实对美国银行体系的资产规模产生了一定的冲击，但冲击力度并没有人们想象的那么严重。

表 4 - 2　　2006 ~ 2010 年美国银行总资产及主要类型资产的年度环比变化　　单位：%

	2006 年	2007 年	2008 年	2009 年	2010 年
银行信贷	8.6	9.7	3.4	- 6.5	- 2.7
商业和工业贷款	13.9	18.8	13.0	- 18.5	- 8.7
房地产贷款	10.5	6.8	0.2	- 5.5	- 5.6
消费贷款	2.9	6.2	6.7	- 3.0	- 5.6
证券资产	4.1	7.2	0.9	7.7	6.4
国库券与机构证券	1.4	- 6.5	9.4	16.0	15.0
其他证券	8.8	28.5	- 8.7	- 3.5	- 7.5
金融租赁	10.0	10.4	4.0	- 10.2	- 5.6
总资产	9.0	10.7	9.2	- 5.8	- 2.9

资料来源：美国联邦储备银行。

表 4 - 2 显示，美国银行产业的总资产在 2008 年仍然维持了以往的增长惯性，增速达到 9.2%，2009 年才开始出现一定的萎缩，增速为 - 5.8%，2010 年的增速为 - 2.9%。表 4 - 2 中的分类数据说明，对就业拉动能力最强的商业和工业贷款出现了急剧地下降，远远超过总资产的减幅，如果说总资产的下降也是商业和工业贷款下降的一个解释变量，那它最多也只能解释商

业和工业贷款下降的1/3。值得注意的是，即使总资产在收缩，证券资产却在快速增长，2009年和2010年的增速分别达到7.7%和6.4%，这说明在金融生态恶化的背景下，银行选择将资产配置在证券资产而放弃信贷资产。

美国联邦储备银行推出量化宽松货币政策的目标，是试图通过收购长期债券向银行体系释放流动性，并希望银行体系将联邦储备银行释放的流动性配置到能够拉动经济增长和降低失业水平的信贷类金融资产。但实际运行的结果应该令量化宽松货币政策的设计者和实施者失望，量化宽松货币政策释放的流动性仍然被银行配置到证券资产。由于信贷类资产和其他类型资产都在减少，所以证券类资产的份额不是在降低而是在提高，或者说，美国联邦储备银行通过量化宽松货币政策释放的流动性，被商业银行主要用于增持证券资产，实际上流动性又回到了中央银行。

第四节　银行信贷收缩背景下的国内投资与就业

在金融危机冲击下，美国资本市场的融资功能基本瘫痪，银行信贷在美国国内投资中的作用更加凸显。美国联邦储备银行试图通过量化宽松货币政策的实施拉动国内投资，这也正是考虑到银行信贷在国内投资中的巨大作用而使然。本章的第三部分已经说明，量化宽松货币政策下美国联邦储备银行释放的流动性并没有形成银行信贷，由此导致美国的国内投资也没有出现预期的扩张。

美国经济分析局数据显示，2000年美国的国内投资是17 722亿美元，除2001年和2002年受到新经济泡沫破裂冲击有小幅下降外，之后4年都有增加，到2006年已经达到23 272亿美元，2000~2006年的6年年均增量为925亿美元，年均增速达4.65%。我们有理由认为，如果没有金融危机的冲击，美国的国内投资会按照前期的惯性增长，这也是维持就业水平的必要条件。如果按照年均增量惯性增长，2007年、2008年、2009年和2010年美国的国内投资应该分别达到24 197亿美元、25 122亿美元、26 047亿美元和26 972亿美元，按照年均增速惯性增长，则应该分别达到24 353亿美元、25 484亿

美元、26 668 亿美元和 27 907 亿美元。但是，2007 年、2008 年、2009 年和
2010 年的实际数据分别只有 22 952 亿美元、20 967 亿美元、15 892 亿美元和
18 225 亿美元，与金融危机前进行比较，分别只有 2006 年国内投资规模的
98.63%、90.10%、68.29% 和 78.31%，也分别只是按年均增量测算的相应
年份趋势值的 94.85%、83.46%、61.01%、67.57%，更分别只有按年均增
速测算的趋势值的 94.23%、82.28%、59.59% 和 65.31%。美国国内投资不
足是美国失业率高企的根本原因。

美国商务部经济分析局的国民账户统计数据也为美国经济的无就业增长
主要来源于国内投资不足的结论提供了佐证。按照国内生产总值、居民消费、
国内投资、净出口和政府开支构成的核算原则，美国商务部经济分析局对美
国的国内生产总值进行了分解，2000~2010 年的数据如表 4-3 所示。

表 4-3　　　　　　　2000~2010 年美国国内生产总值及其构成　　　　单位：亿美元

年份	国内生产总值	居民消费	国内投资	净出口	政府开支
2000	99 515	68 304	17 722	-3 821	17 310
2001	102 862	71 488	16 619	-3 710	18 464
2002	106 423	74 392	16 470	-4 272	19 833
2003	111 421	78 040	17 297	-5 041	21 126
2004	118 678	82 851	19 686	-6 187	22 328
2005	126 384	88 190	21 722	-7 227	23 699
2006	133 989	93 227	23 272	-7 693	25 184
2007	140 618	98 063	22 952	-7 140	26 742
2008	143 691	101 045	20 967	-7 104	28 783
2009	141 190	100 013	15 892	-3 864	29 149
2010	146 578	103 506	18 225	-5 157	30 003

资料来源：美国经济分析局。

根据表 4-3，我们可以对金融危机前后美国国内生产总值及其构成要素
的变化进行对比分析，以期说明金融危机后美国为什么会出现无就业增长。
第一，金融危机对美国经济的冲击没有预期和想象的严重。从国内生产总值
的数据来看，2007 年和 2008 年美国国内生产总值还是出现了增长，经济总量

真正下降的仅是 2009 年，2009 年的实际 GDP 增长率为 -2.6%，而 2010 年的增速又恢复到 2.8%。第二，拉动美国经济增长最大动力的居民消费没有受到金融危机的显著冲击。由于居民消费具有显著的刚性，金融危机冲击下美国的居民消费并没有太多的萎缩，只有 2009 年出现 1.02% 的负增长，2010 年的增速又达到 3.49%，而且创造了美国居民消费的新纪录。居民消费也成为拉动 2010 年美国经济增长的主要动力，在 2010 年 2.8% 的实际 GDP 增长中，有 1.26 个百分点来源于居民消费的扩张。第三，美国联邦政府和地方政府都显著地增加了政府开支，这对抑制经济衰退和维持就业水平起到了一定的作用。从绝对规模而言，从 2000 年到金融危机前的 2007 年，美国的政府开支年均增加 747 亿美元，但是到 2010 年，美国的政府开支扩大到 30 003 亿美元，2008~2010 年 3 年的年均增量达到 1 576 亿美元，是金融危机前的两倍；从政府开支占国内生产总值的份额来看，金融危机前一般都在 19% 以下，但 2008 年已经达到 19.0%，2009 年和 2010 年更是分别达到 20.0% 和 20.6%。第四，无就业增长与净出口项目无关。自 20 世纪 70 年代中期出现贸易逆差以来，美国就从来没有摆脱过贸易逆差的困境，贸易逆差也就成了美国经济运行的常态。由于每年都出现贸易逆差，所以净出口在美国的国内生产总值构成中一直为负数。不过，长期的负数并没有影响它在某些时候对经济的增长做出贡献，而且贸易逆差对于美国经济能在低通货膨胀、低资本成本下运行起到至关重要的作用。第五，萎缩的国内投资是美国经济无就业增长的主因。在 2008 年和 2009 年，国内投资的萎缩都严重地影响了美国的经济增长，按照美国商务部经济分析局的测算，2008 年和 2009 年，国内投资对实际 GDP 增长的贡献分别是 -1.53 个百分点和 -3.24 个百分点。值得注意的是 2010 年的数据，由于国内投资有所恢复，该年实际 GDP 增速 2.8 个百分点中有 1.84 个百分点来源于国内投资。如果仅仅考察这一个数据，我们似乎不能将 2010 年美国的无就业增长归咎于国内投资。为什么美国的国内投资增长会与失业率上升同时出现呢？问题的答案在于经济增长和失业率统计方法的差异性。经济增长是按照年度环比核算，只考虑国内投资的增量，在前期已经大幅收缩、基数已经很小的情况下，国内投资的有限扩张能够拉动实际 GDP 的显著增长。但是，与失业率相关的国内投资却不是国内投资的增量而是国内投资的总规模。可以看到，即使 2010 年有所恢复，但美国的国内投资仍然停留在非常低的水平，所以它无法降低美国的失业率。

第五节　本章小结

金融危机恶化了金融生态，金融生态的恶化使得银行收缩信贷，银行信贷的收缩抑制了国内投资，国内投资的收缩导致美国的高失业率，在国内投资不振的背景下，即使实现经济增长，也仅是无就业效应的经济增长，这就是美国 2010 年出现无就业增长的基本逻辑。

美国实施量化宽松货币政策的目标是刺激经济增长和降低失业水平，但是，在恶化的金融生态下，美国联邦储备银行通过量化宽松货币政策释放的美元流动性只会滞留在银行体系内，不能形成满足国内投资需求的流动性供给，所以美国的国内投资即使有量化宽松货币政策的强烈刺激也没有出现美国联邦储备银行预期的扩张，失业率也就自然不会降低。因此，在金融生态持续恶化的背景下，量化宽松货币政策虽然可能促进经济复苏，但不可能降低失业水平，量化宽松货币政策的就业效应无法实现。

如果美国要实现有就业的经济增长，就必须放弃对量化宽松货币政策的过度依赖，而应从强化信用管理、优化金融环境入手，建立一个良好的金融生态。我们有理由相信，在良好的金融生态下，即使没有量化宽松货币政策，银行也有足够的流动性满足国内投资需求，经济增长能够持续，所以失业率水平也会下降。

在美国实施第一轮和第二轮量化宽松货币政策期间，美元流动性的无止境扩张已经造成了全球性通货膨胀，带来全球经济复苏的不稳定性与不确定性。我国也受到美国量化宽松货币政策造成全球性通货膨胀的影响，输入性通货膨胀已经严重影响了我国经济的健康运行。对于美国货币政策的未来走向，我们应该给予密切的关注。

第五章 美国量化宽松货币政策对世界经济的影响：全球流动性泛滥

本章导读：

美联储试图通过量化宽松货币政策的实施刺激国内私人部门消费和投资的增长。研究表明，由于美国经济的问题不是流动性短缺，因此，量化宽松货币政策不仅没有带来美国经济的复苏反而带来全球美元流动性泛滥，强化了全球经济运行的不稳定性和不确定性。作为国际货币的主要发行国，美国应该放弃这种以邻为壑的量化宽松货币政策，以保持全球经济和金融的稳定。①

第一节　引言

2009 年 3 月 18 日，美联储在货币政策决策会议上决定，在此后 6 个月内购进 3 000 亿美元长期国债，7 500 亿美元抵押贷款相关证券和 1 000 亿美元"两房"债券，此举标志着美联储正式实行量化宽松货币政策，拉开了美国第一轮量化宽松货币政策的序幕。2010 年 11 月 4 日，美联储决定推出新一轮量化宽松货币政策，以每月 750 亿美元的进度维持 8 个月从市场收购长期国债。照此计算，美国此轮量化宽松货币政策的规模虽然不及第一轮，但总规模仍将高达 6 000 亿美元。

---

① 本章以 2000～2009 年的相关数据为研究样本。

所谓量化宽松货币政策，是指中央银行通过收购长期政府债券和长期公司债券改变货币存量的结构从而增加流动性的非常规扩张性货币政策。美联储希望通过量化宽松货币政策的实施刺激国内私人部门的消费和投资以加速经济复苏的步伐，然而，量化宽松货币政策自推出以来却备受国际社会的广泛诟病。王树同（2009）认为，美国经济面临的问题并不是流动性短缺，所以美联储实施量化宽松货币政策是开错了"药方"；潘成夫（2009）认为，美国的量化宽松货币政策是全球流动性泛滥和全球竞争性货币贬值的根源；修晶（2009）认为，美国的量化宽松货币政策是以邻为壑的做法。对美联储实施量化宽松货币政策前后美国私人部门的消费开支和固定投资的比较研究显示，量化宽松货币政策没有刺激美国的消费，更没有刺激美国的投资。美联储实施量化宽松货币政策以来，国际市场上与美元相关的资产，例如贵金属、石油、粮食、矿石、有色金属等大宗商品的价格大幅上涨，美元双边汇率与有效汇率均显著贬值，根本原因是美国量化宽松货币政策导致的全球美元流动性泛滥。

第二节 消费和投资对美国经济增长的贡献

宏观经济学的基本原理告诉我们，一国的总产出由国内居民消费（C）、国内投资（I）、政府净支出（G）和净出口（X－M）四大因素构成，即：

$$GDP = C + I + G + (X - M)$$

但是，由于各国的国情不同，四大因素对经济增长的贡献也存在很大差别，例如，日本的经济增长主要由消费和净出口拉动，中国的经济增长主要来自投资和净出口拉动，美国的经济增长则主要靠消费和投资拉动。

表5－1描述的是2000～2009年美国实际国内生产总值年度增长率和不同要素对实际 GDP 增长的贡献。我们可以得出以下三点结论。第一，居民消费与国内投资对美国经济增长的贡献巨大。居民消费是美国经济增长的第一动力，从2000～2007年美国的居民消费一直能解释3/4的实际 GDP 增长，尤其

是经济衰退的时候，居民消费对拉动美国经济增长的作用就更加显著。国内投资对美国经济增长的作用虽然呈现一定的波动性而不太稳定，但从长期考察，它对美国经济增长的作用仍然是正的，在部分年份中，国内投资对美国经济增长的作用至关重要，例如2004年，国内投资就拉动美国实际GDP增长了1.55个百分点，占当年实际GDP增长的43.42%。政府开支虽然历年一直对美国经济增长的贡献为正，但贡献的份额不大，而且受已存在的庞大主权债务规模的约束，美国政府难以通过扩大政府开支来拉动经济增长。历史的经验告诉我们，如果净出口对美国经济增长的作用由负转正，必定是美国经济陷入衰退的年份，美国不可能希冀通过净出口拉动经济增长，更不可能通过增加净出口来加速美国经济的复苏。第二，在国际金融危机冲击下，美国的居民消费和国内投资都出现了严重的问题，失去了经济增长引擎的作用。2008年和2009年，拉动美国经济增长的动力出现逆转，居民消费和国内投资对经济增长的贡献为负，政府开支和净出口对经济增长的贡献由负转为正。但是，政府开支和净出口推动经济增长的动能显然是有限的，实际上，2008年美国的经济已经停滞，2009年更是出现了严重的倒退。第三，既然消费和投资出现了问题，而且消费和投资的问题还导致了经济衰退，美国政府就有必要出台应对政策，刺激居民消费与国内投资，抑制经济衰退和加快经济复苏。

表5-1　　　2000～2009年美国的经济增长及其各要素对经济增长的贡献　　单位:%

年份	实际GDP增长	居民消费拉动	国内投资拉动	政府净支出拉动	净出口拉动
2000	4.14	3.44	1.19	0.36	-0.85
2001	1.08	1.85	-1.24	0.67	-0.20
2002	1.82	1.85	-0.22	0.84	-0.65
2003	2.49	1.97	0.55	0.42	-0.45
2004	3.57	2.42	1.55	0.26	-0.66
2005	3.05	2.34	0.92	0.06	-0.27
2006	2.68	2.01	0.46	0.26	-0.05
2007	1.94	1.65	-0.53	0.25	0.57
2008	0.01	-0.18	-1.53	0.54	1.18
2009	-2.63	-0.84	-3.24	0.32	1.13

资料来源：美国经济分析局。

在经济政策层面，刺激居民消费和国内投资既可以采用扩张性财政政策，也可以采用扩张性货币政策，或者采用两种政策搭配的组合。但是，2008年美国政府为应对金融危机，已经出台了7 800亿美元的救市方案，所以扩张性财政政策已经没有太大的操作空间。根据经济合作与发展组织（OECD）的数据，2008年末，美国联邦政府债务达到5 820.46亿美元，成为全球最大的债务国，当年财政赤字/GDP比率达到6.5%，是国际公认安全标准的两倍，债务余额/GDP比率达到70.0%，超过国际公认安全标准。2009年末，美国联邦政府债务又进一步扩张到7 5617.36亿美元，当年财政赤字/GDP比率上升到11.2%，几乎是国际公认安全标准的四倍，债务余额/GDP比率上升到83.9%，超出国际公认安全标准1/3。美国的政治体制也限制了美国政府进一步扩张财政政策的实施。美国的政府预算必须同时得到国会参众两院的批准，而几乎每一次国会和白宫之间都要对预算规模讨价还价，尤其是补充预算，讨价还价就更加激烈。上一次7 800亿美元的紧急救市资金，还是由财长保尔森在国会下跪后才放行的，而且，国会已经强调，那将是"最后的晚餐"。因此，奥巴马政府已经很难实施无节制的扩张性财政政策，转而只能依靠扩张性货币政策。

在货币政策层面，因为美国早已放弃了法定存款准备金制度，所以美联储无法采用第一项扩张性货币政策。自2007年7月次贷危机爆发后，美联储不断下调联邦基金利率，到2008年11月，美联储已经将联邦基金利率调减到已经无法再低的0~0.25%，所以美国也无法实施第二项扩张性货币政策。美联储只剩下通过公开市场操作收购长期政府债券和长期公司债券释放流动性来刺激消费和投资了，这就是美国出台量化宽松货币政策的基本背景。金融危机对美国的居民消费和国内投资造成了显著冲击，为了使经济返回正常轨道，美国必须重振消费与投资。在财政政策和利率政策陷入困境的背景下，美联储选择量化宽松货币政策，客观上讲也是无奈之举。然而，量化宽松货币政策的药方有效吗？

第三节　美国量化宽松货币政策下的国内居民消费

长期以来，居民消费一直是拉动美国经济增长的第一动力。如果量化宽松货币政策能够刺激消费，量化宽松货币政策下美联储投放的流动性能够转化成消费开支，那么，美国量化宽松货币政策的实施就能达到美联储的预期。遗憾的是，美国量化宽松货币政策的实施并没有带来美国国内居民消费的预期增长。

资料显示，2000~2007年，美国居民国内消费开支呈现持续、显著的惯性增长。2000年第一季度美国居民国内消费开支为66 830亿美元，此后，在2001年第一季度突破7万亿美元，在2004年第一季度突破8万亿美元，在2005年第四季度突破9万亿美元。2007年第三季度，美国次贷危机爆发，不过，次贷危机并没有立即改变美国居民国内消费开支的增长态势，只是降低了它的增速，美国居民国内消费开支的扩张一直持续到2008年第三季度次贷危机升级成国际金融危机后才宣告结束。2008年第三季度，美国居民国内消费开支出现峰值为107 020亿美元。将2008年第三季度的数据与2000年第一季度的数据进行比较，可以看到在这段为期35个季度的时间内，美国居民国内消费开支增长了60.1%，平均增速为1.4%。

采用统计学的时间序列分析方法，对2000年第一季度到2008年第三季度美国居民国内消费开支的数据进行统计学模拟，可以得出一个最优拟合线性方程，方程式为：

$$Y_t = 1\ 111.6t + 63\ 619\ (2000\ 年第一季度, t = 1)$$

拟合优度为：$R^2 = 0.9882$

我们有理由认为，如果没有由次贷危机引发的国际金融危机，2010年第三季度美国居民国内消费开支就应该达到111 416.8亿美元。但是，国际金融危机显然改变了美国居民国内消费开支的运行趋势，2010年第三季度，美国的实际居民国内消费开支只有102 854亿美元，比趋势值差不多减少了10%。从2008年第四季度到2009年第二季度，美国居民国内消费开支出现了连续三个季度的负增长，在美国的历史上，这种状况并不多见，它足以表明金融危机冲击的严重程度。2009年第三季度之后，美国居民国内消费开支有缓慢地复苏，但我们认为这种复苏与量化宽松货币政策没有直接关系而是美国消费需求的刚性使然。在21世纪初的美国经济衰退中，美国居民国内消费开支并没有受到太大影响，说明了美国消费需求刚性是显著存在的。可以认为，2009 年第三季度之后美国居民国内消费开支的增长是前期压抑的消费需求刚性形成的恢复性增长。

美国实施量化宽松货币政策的目标之一，就是通过量化宽松货币政策向市场注入流动性，通过扩张流动性刺激居民消费，拉动经济增长。但数据显示，实施量化宽松货币政策以来，美国的居民消费并没有出现预期的增长，其原因主要有以下两点：第一，美联储通过量化宽松货币政策向市场注入的流动性并不直接进入居民消费，而是进入金融体系，因此，美联储的流动性扩张只有通过商业银行消费信贷的扩张才能刺激居民消费的扩张。但是，消费信贷的规模是由商业银行提供消费信贷的能力和意愿、居民消费信贷的能力和意愿共同决定。显然，量化宽松货币政策下美联储释放的流动性只能扩大商业银行提供消费信贷的能力，而商业银行提供消费信贷的意愿由金融市场的信用环境约束。在金融危机的冲击下，美国的信用环境严重恶化，根据美国联邦储备银行的数据，2010 年银行贷款违约率超过 7%，是正常情况下贷款违约率的三倍。第二，虽然由消费信贷形成的消费一直是美国居民消费的重要组成部分，但并不是全部。居民可支配收入和居民储蓄也是影响美国居民消费的主要因素。金融危机以来，一方面由于失业率上升导致居民可支配收入减少；另一方面由于对经济前景缺乏信心导致居民储蓄率上升，所以量化宽松货币政策实施以来美国居民消费的增加缺乏动力。

第四节　美国量化宽松货币政策下的国内投资

与居民消费的相对刚性比较，历史上美国的国内投资具有显著的周期性波动特征，而且，投资的波动先于经济波动，所以研究经济周期的学者一般都将国内投资作为领先指标，有学者干脆将美国的经济周期描述成"投资周期"。

进入 21 世纪以来，美国的国内投资仍然显示出周期性特征，但是，金融危机后美国国内投资的严重衰退似乎已经超出了经济周期能够解释的范围，美国商务部经济分析局公布的美国国内投资季度数据能够说明 21 世纪美国国内投资变化的上述特征，也有利于我们了解量化宽松货币政策对美国国内投资的影响。

图 5-1 显示，2000 年第一季度，美国的私人固定投资为 16 720 亿美元，2000 年第四季度，美国的私人固定投资为 17 429 亿美元，它是前一轮美国投资周期的峰值。2001 年和 2002 年美国出现经济衰退，私人固定投资出现连续 8 个季度的负增长，2002 年第四季度只有 16 314 亿美元，比 2000 年第四季度下降了 6.4%。不过此后几年，美国的国内投资快速恢复，而且一直持续到 2007 年第二季度，持续了 18 个季度。2007 年第二季度，美国的私人固定投资出现新的峰值，为 22 821 亿美元，几乎与次贷危机同步。2007 年第三季度，美国的私人固定投资出现新一轮逆转，但下降速度不大，2007 年第四季度的私人固定投资为 22 479 亿美元。

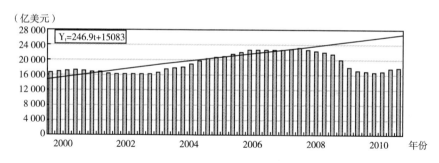

图 5-1　美国私人固定投资季度数据变化

资料来源：美国经济分析局。

对 2000～2007 年中 32 个季度美国私人固定投资进行统计模拟，可以得出一个趋势方程，方程式为：

$$Y_t = 246.9t + 15\ 083\ (2000\ 年第一季度, t = 1)$$

拟合优度为：$R^2 = 0.8187$

我们认为，量化宽松货币政策对私人固定投资的刺激调整是无效的，主要有三个理由。第一，量化宽松货币政策实施并没有立即引起美国私人固定投资的复苏，相反，在实施量化宽松货币政策后，美国的私人固定投资又出现了持续四个季度的下滑，而且，较严重的"高台跳水"出现在量化宽松货币政策实施之后的 2009 年第二季度。第二，2010 年前三个季度美国的私人固定投资虽然有所恢复，但这种恢复是在私人固定投资已经收缩了 1/4 之后才出现的，与其说是量化宽松货币政策的成绩，还不如说是证券市场术语中常提到的"触底反弹"。第三，2010 年前三个季度，美国私人固定投资反弹的力度有限，显然不是量化宽松货币政策释放的庞大流动性推动的结果。2010 年第三季度，美国私人固定投资仍然只有 17 687 亿美元，它只有危机前 2007 年第二季度峰值的 77.5%，更只有当季趋势值 25 697 亿美元的 68.8%。

美国量化宽松货币政策对私人固定投资之所以无效，主要原因也在于量化宽松货币政策下美联储投放的流动性并不直接形成私人固定投资，而是进入金融体系，如果商业银行在获得美联储的流动性支持后增加工商信贷规模，则美联储量化宽松货币政策能够刺激投资。但是在当时的信用环境和市场环境下，商业银行几乎不可能将获得的流动性转化成工商信贷，因此，美国政府如果希望投资复苏，就应该在治理信用环境和市场环境上下功夫，而不是采用量化宽松货币政策滥发货币。

第五节　美国量化宽松货币政策与全球流动性泛滥

量化宽松货币政策下美联储释放的流动性没有也难以刺激美国的消费与投资，所以美国不可能通过量化宽松货币政策的实施来复苏美国经济。2009 年 4~12 月，美联储通过量化宽松货币政策释放的流动性为 10 500 亿美元，2010 年 1~11 月，美联储用同样的方式释放的流动性为 6 500 亿美元，因此，在第一轮量化宽松货币政策实施期间，美联储总共释放 17 000 亿美元的基础货币。量化宽松货币政策的实质是改变金融体系持有的货币结构，即将银行体系中缺乏流动性的长期资产置换成具有高流动性的短期资产，因此，如果美联储在第一轮量化宽松货币政策释放的 17 000 亿美元能够形成美国国内金融体系的流动性供给，那么，美国的货币结构就应该发生相应的改变，即货币供应层次中的 M1 和 M2 会显著增加，而 M3 和 M4 会显著减少。但美国联邦储备银行的数据显示，量化宽松货币政策实施以来，美国货币层次中的M3和M4确实在显著减少，但M1和M2并没有相应地增加。

由表5-2可知，我们能够得出以下三点结论。第一，通常情况下，美国狭义货币的年均增量还不到700亿美元，广义货币的年均增量约为3 000亿美元，美国第一轮量化宽松货币政策下的货币投放显然严重超过了美国国内对流动性的需求。第二，量化宽松货币政策下美联储投放的美元只有一小部分形成美国国内的流动性，即使按照广义货币计算，2009年和2010年两年的增量之和也只有4 541亿美元，它只是同期美联储17 000亿美元货币投放的1/4，它能够解释为什么在量化宽松货币政策下美国仍然出现通货紧缩、经济衰退和失业高企，所以量化宽松货币政策是无效的。第三，量化宽松货币政策下美联储投放的美元中没有形成美国国内流动性的部分，绝大多数已经溢出美国金融体系，变成国际游资，并通过乘数和杠杆作用被无限放大，对全球经济产生冲击，引起全球商品市场和国际金融市场的剧烈动荡。

表5-2　　　　　　　　2000～2010年美国货币供应量的变化　　　　单位：亿美元

年份	存量		增量	
	狭义货币	广义货币	狭义货币	广义货币
2000	10 877	49 148	—	
2001	11 822	54 309	945	5 161
2002	12 204	57 787	382	3 478
2003	13 069	60 674	865	2 887
2004	13 768	64 094	699	3 420
2005	13 751	66 755	-17	2 661
2006	13 671	70 725	-80	3 970
2007	13 745	75 026	74	4 301
2008	16 021	82 553	2 276	7 527
2009	16 966	85 428	945	2 875
2010	17 656	87 094	690	1 666

资料来源：美国联邦储备银行。

根据2011年的数据，我们观察到美国量化宽松货币政策对全球六大市场产生了影响。在国际贵金属市场，由于避险资金和投机资金大规模地涌入，黄金价格连创历史新高，达到 1 400 美元每盎司，白银价格的涨幅更甚，接近 30 美元每盎司，是 30 年来的最高纪录；在国际石油市场，由于国际金融危机冲击导致的经济衰退，全球石油需求并没有显著地增长，但是由于国际游资的冲击，石油价格持续上涨，曾超过 80 美元每桶；在国际大宗商品市场，小麦、棉花、有色金属、煤炭、矿石等大宗商品价格都显著上涨，已经造成部分新兴市场经济体系的输入性通货膨胀，而且全球通货膨胀预期还在持续上升，强化了全球经济未来走势的不稳定性和不确定性；部分新兴市场经济体的楼市成为国际游资冲击的重点，例如，中国香港地区和泰国的楼价就因为国际游资的冲击超过 1997 ~ 1998 年东南亚金融危机前的水平，出现了显著的楼市泡沫；在全球证券市场，美国的道琼斯、标准普尔、纳斯达克三大指数，日本的日经指数，英国的金融时报指数，法国的 CAC 指数，德国的 DAX 指数，中国香港的恒生指数都已经恢复到金融危机前的水平，部分甚至超过了金融危机前的水平；在全球外汇市场，美元兑几乎所有货币的双边汇率都显著贬值，尤其是美元兑亚洲国家货币如日元、韩元、泰铢、马来西亚林吉特等货币的贬值，已经严重冲击了这些国家的经济运行。国际清算银行（BIS）的数据显示，反映美元汇率综合变动的美元有效汇率指数在金融危机爆发初期的 2008 年末还有 101. 02 点，此后波动性下行，到 2010 年 10 月，已经只有 91. 52 点。也就是说，金融危机以来，美元汇率差不多下降了 9.4%，显然，美联储量化宽松货币政策显著强化了美元下行的态势。

第六节　本章小结

美国实施量化宽松货币政策的目标是刺激消费和投资，拉动经济增长，但由于美国经济的问题不是流动性的问题，所以在量化宽松货币政策下，美国的消费和投资并没有出现预期的增长。同时，量化宽松货币政策下美联储投放的货币中绝大部分已经溢出美国，形成了全球美元流动性泛滥，对全球经济已经并将继续产生深远而重大的冲击。第一轮量化宽松货币政策实施期间，美国经济面临的两大问题主要是信心不足和信用缺失，美国政府应该在重振信心、重构信用上多下功夫，而不是通过量化宽松货币政策来刺激经济复苏。

全球美元流动性泛滥对世界经济的显性冲击主要表现在全球贵金属市场、石油市场、大宗商品市场、房地产市场、证券市场、外汇市场六大市场的持续动荡，它更深远的影响体现在新兴市场输入性通货膨胀和全球竞争性通货贬值，强化了全球经济未来走势的不确定性和不稳定性。尽管量化宽松货币政策对刺激美国的经济复苏无效，但种种迹象表明，美联储不会放弃对量化宽松货币政策的依赖。如果说美国第一轮量化宽松货币政策是出于无奈，在量化宽松货币政策无效的情况下，美联储仍继续实施这一政策就是对全球经济的不负责任。

第六章　美国量化宽松货币政策对
全球货币政策的影响：
日本量化宽松货币政策

本章导读：

商业银行体系在日本量化宽松货币政策传导机制中至关重要。由于存在内生缺陷和现实约束，日本商业银行的信贷资产对中央银行的基础货币缺乏弹性，货币政策传导机制严重扭曲，中央银行投放的基础货币无法拉动投资和消费，导致日本 2001～2006 年的量化宽松货币政策失灵。2013 年，作为"安倍经济学"的核心支柱，日本又重启了量化宽松货币政策，考虑到传导机制仍然处于扭曲状态，我们有理由判断新一轮量化宽松货币政策仍难以实现预期目标。[①]

第一节　引言

量化宽松货币政策是在利率政策缺乏操作空间的背景下，货币当局通过扩张中央银行的资产负债表，向商业银行投放流动性以刺激经济复苏，抑制通货紧缩和降低失业水平的一种非常规货币政策。21 世纪以来，量化宽松货币政策被许多发达国家视为提振经济的"强心针"，其中，日本量化宽松货币政策出台的时间最早，持续的时间最长，引起了学者的广泛关注。

---

① 本章 2000～2013 年的相关数据为研究样本。

日本经济在 20 世纪 60~80 年代，曾经出现长期繁荣，也累积了庞大的泡沫，到 20 世纪 90 年代初，经济泡沫破裂，出现经济衰退与通货紧缩的双重困境。央行为了应对衰退，1991~1995 年，日本银行连续 9 次下调贴现利率，从 6% 降至 0.5%。1997 年的东南亚金融危机加剧了日本衰退的程度，日本央行于 1999 年 3 月宣布实行零利率政策。然而，零利率政策显然没有能扭转日本经济困局。2001 年 3 月 19 日，日本央行宣布实施量化宽松货币政策，具体操作方法是承诺政策的持续期、货币政策工具从无担保隔夜拆借利率转向商业银行在中央银行的准备金账户余额、大量购买长期与短期政府债券、有限购买其他类型证券为金融体系提供充足流动性。该轮量化宽松货币政策持续了整整 5 年的时间，直至 2006 年 3 月 19 日，日本政府才宣布退出。

第二节　文献综述

日本之所以选择量化宽松货币政策，其理论根据来源于克鲁格曼。克鲁格曼（Krugman，2000）认为日本在 20 世纪 90 年代就陷入了"流动性陷阱"，零利率政策已经无效，应该采用量化宽松货币政策。对于 2001~2006 年日本量化宽松货币政策的效果，学者们也有大量的研究，但显然存在相当严重的分歧。伯南克等（Bernanke，2004）认为，量化宽松政策能够通过承诺效应、资产负债表扩张效应和资本负债表结构调整效应来达到政策制定者所期望的预期效果。幸雄晃（Sadahiro，2005）以 1996~2004 年日本经济运行的数据为样本，研究表明，经济产出对量化宽松货币政策的反应为正，但幅度很小，而通货膨胀反应为负。木村等（Kimura et al.，2003）也认为在利率为零时，无法得出经济结构对于量化宽松货币政策的反应机制，无法证明量化宽松货币政策能有效地改善经济环境，拉动经济增长。杨晶晶、周定根（2013）与万志宏、曾刚（2011）的研究结论也证明了这一观点。总体而言，纯粹的理论推导认为量化宽松货币政策有效，但实证检验往往证明量化宽松货币政策无效。即使大量文献已经证明日本量化宽松货币政策无效，但对量化宽松货币政策失灵的原因进行深度分析的文献并不多。

逻辑上讲，产出和物价都决定于消费与投资，消费与投资决定于商业银行信贷，商业银行的信贷决定于中央银行的货币投放。因此，量化宽松货币政策的有效传导机制应该是中央银行基础货币投放增加拉动商业银行信贷规模扩张，商业银行信贷规模扩张拉动私人部门消费与投资扩张，进而刺激经济复苏，抑制通货紧缩。然而研究显示，由于存在着内生缺陷和现实约束，2001～2006 年日本量化宽松货币政策传导机制被严重扭曲，量化宽松货币政策失灵。内生缺陷是指中央银行只能控制流动性规模，不能控制流动性流向；现实约束是指中央银行的政策目标与商业银行资产配置原则严重冲突。2013年，作为"安倍经济学"的核心支柱，日本又重启了量化宽松货币政策，考虑到日本金融生态没有得到根本改善，货币政策传导机制仍然处于扭曲状态，因此，我们判断新一轮量化宽松货币政策仍难以实现预期目标。

第三节　日本量化宽松货币政策下的货币运行

按照惯例，测算一国的货币供给通常考虑三个维度，分别是基础货币（MB）、狭义货币（M1）和广义货币（M2）。基础货币也称高能货币，是指流通中由社会公众所持有的现金及由法定存款准备和超额存款准备构成的银行体系准备金的总和，是整个银行体系内存款扩张、货币创造的基础。狭义货币由通货和私人部门的活期存款构成，是流动性最强的货币形态。广义货币是在狭义货币的基础上加上准货币，即银行的定期存款、储蓄存款、外币存款等，准货币本身虽不能直接用来购买，但在经过一定程序之后就能转化为现实的购买力。① 由于货币供给主要通过基础货币、狭义货币和广义货币三个维度测度，所以我们可以通过比较量化宽松货币政策窗口开启期间和关闭期间三个维度变化的差异来描述日本量化宽松货币政策下货币的非常态运行。

表 6－1 描述的是 2000～2013 年日本基础货币、狭义货币和广义货币规模的变化，其中，2001～2006 年为日本量化宽松货币政策窗口的开启期间，

---

① 美国和日本 MB、M1、M2 的测算口径略有差异，但不影响本章的分析。

2007~2012 年为日本量化宽松货币政策窗口的关闭期间，2013 年为日本量化宽松货币政策窗口的重启年份。

表 6 - 1   **2000~2013 年日本 MB、M1、M2 的变动**   单位：亿日元

年份	基础货币（MB）	狭义货币（M1）	广义货币（M2）
2000	679 588	3 023 883	6 368 658
2001	794 424	3 437 955	6 578 512
2002	949 444	4 245 315	6 699 219
2003	1 074 991	4 411 653	6 825 840
2004	1 119 769	4 602 156	6 960 622
2005	1 130 466	4 838 092	7 089 899
2006	904 664	4 842 423	7 137 934
2007	907 835	4 867 839	7 285 588
2008	924 351	4 817 550	7 417 325
2009	972 143	4 866 683	7 644 352
2010	1 040 238	5 014 790	7 822 875
2011	1 180 195	5 280 186	8 069 953
2012	1 319 837	5 457 295	8 278 479
2013	1 934 594	5 770 520	8 630 314

资料来源：日本银行。

对表 6 - 1 的数据进行分析，我们能够得出以下三点结论。第一，在量化宽松货币政策窗口的开启期间和关闭期间，日本的货币运行存在显著差异。量化宽松货币政策窗口开启期间货币扩张的速度远高于政策窗口关闭期间货币扩张的速度，量化宽松货币政策开启期间货币的增速是关闭期间的 5 倍。第二，量化宽松货币政策窗口开启期间，日本基础货币、狭义货币和广义货币变动的差异明显，狭义货币和广义货币的增速远低于基础货币的增速。2001~2006 年，狭义货币增速只有基础货币增速的 90%，而广义货币增速更只有基础货币增速的 1/4。第三，2013 年重启的量化宽松货币政策，其强度远高于 2001~2006 年实施的量化宽松货币政策，如果用 MB 的年均增速来判断，截至 2014 年 10 月，新一轮量化宽松货币政策的强度几乎是前一轮量化宽松货币政策的 14 倍。

值得我们注意的是，由于基础货币、狭义货币、广义货币增速存在巨大差异，导致日本的货币乘数显著下降。20世纪90年代，日本经济开始陷入"流动性陷阱"（刘光友，2009）。图6-1显示，2001~2006年的第一轮量化宽松货币政策期间，日本的货币乘数不断下降，可见"流动性陷阱"依然存在。2006年3月退出量化宽松货币政策后，日本的货币乘数出现显著的回升，虽然2009年之后也出现缓慢的下滑迹象，但2007~2012年量化宽松货币政策窗口关闭期间货币乘数的平均值依然高于政策窗口开启期间的平均值。重启量化宽松货币政策后，日本央行加大了量化宽松的力度，但广义货币乘数下降的速度不断加剧，"流动性陷阱"不断加深。2013年货币乘数快速下降到4.46，意味着中央银行1日元基础货币的投放形成的广义货币已经不足5日元。2014年10月，广义货币乘数更是下降到3.43的历史新低，略高于2000年的1/3，显示出量化宽松货币政策不仅没有帮助日本摆脱"流动性陷阱"，反而加深了"流动性陷阱"。

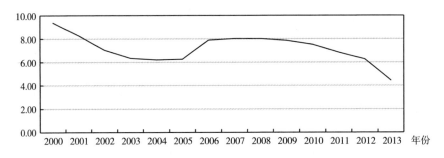

图6-1　2000~2013年日本M2货币乘数变化

资料来源：日本银行。

总体上看，量化宽松货币政策的实施使日本的基础货币得到了快速的扩张，但狭义货币和广义货币并没有同步扩张，导致货币畸形运行，其结果是货币创造能力下降，货币乘数下降，"流动性陷阱"加深。

第四节　日本量化宽松货币政策传导机制扭曲

量化宽松货币政策的有效传导机制应该是中央银行基础货币投放增加，

商业银行信贷规模扩张，私人部门消费与投资扩张，经济复苏（张支南、葛阳琴，2013）。很显然，银行体系在货币政策传导过程中起到了至关重要的作用。如果银行体系信贷资产的扩张对中央银行流动性的增长保持足够的弹性，即量化宽松货币政策传导机制正常运转，则量化宽松货币政策能够实现预期目标。如果银行体系信贷资产的扩张对中央银行流动性增长缺乏弹性，即量化宽松货币政策传导机制扭曲运行，则量化宽松货币政策无法实现预期目标。逻辑上讲，量化宽松货币政策传导机制正常运转需要满足两个前提条件：一是中央银行既能控制流动性的规模，又能约束流动性的流向；二是中央银行货币政策目标与商业银行资产配置的基本原则保持一致。但是，日本量化宽松货币政策传导机制正常运转的第一个前提条件显然不能得到满足。因为日本中央银行只能通过国债的购买控制流动性投放的规模，当流动性进入银行体系之后，中央银行无法约束商业银行的资产配置，也就是资金的流向不受中央银行的控制，这是量化宽松货币政策的内生缺陷。现实中，日本量化宽松货币政策有效运转的第二个条件也得不到满足。中央银行希望商业银行将货币的流动性配置于信贷资产，这样才能拉动投资和消费，进而拉动经济增长。但商业银行资产配置的原则遵循"流动性、安全性和营利性"的三性原则，日本恶劣的金融生态难以保证信贷资产满足三性原则，尤其是安全性原则。可见，中央银行的政策目标与商业银行的资产配置严重冲突，这是量化宽松货币政策的现实约束。正是由于内生缺陷和现实约束的存在，日本量化宽松货币政策的传导机制在银行体系遭遇严重扭曲。

一国银行体系的运行可以通过金融监管当局编制的行业资产负债表中资产的规模和结构变化进行考察。按照日本银行的分类，日本商业银行的资产主要包括信贷资产、证券资产和其他资产三大部分，其中，信贷资产主要包括商业银行发放的消费信贷、工商企业信贷和房地产信贷三个部分，证券资产主要包括商业银行持有的国债、政府债券、公司债券和公司股票，其他资产主要包括商业银行持有的现金、同业存款、法定和超额准备。很显然，在商业银行的三大资产构成中，证券资产主要进入虚拟经济部门，其他资产主要会在商业银行与中央银行之间，或者不同商业银行之间封闭运行，只有信贷资产会流入实体经济部门。因此，日本政府实施量化宽松货币政策是希望中央银行的基础货币投放由商业银行重新配置到信贷资产中，而不是其他部分。

表6-2描述的是2000～2013年日本商业银行资产及各构成部分规模的变化。根据表6-2，我们能够分析日本银行产业规模变化和结构演进的特征，并进一步探讨规模变化和结构演进的成因。

表6-2　　　　　　　　2000～2013年日本商业银行资产结构　　　　　单位：亿日元

年份	贷款	证券	其他	总资产
2000	4 639 163	1 640 729	1 311 490	7 591 382
2001	4 482 233	1 648 653	1 461 420	7 592 306
2002	4 316 425	1 620 779	1 380 333	7 317 537
2003	4 138 534	1 806 980	1 410 368	7 355 882
2004	4 040 009	1 941 763	1 419 260	7 401 032
2005	4 085 480	1 976 262	1 418 193	7 479 935
2006	4 155 770	1 892 052	1 446 089	7 493 911
2007	4 176 394	1 811 782	1 697 844	7 686 020
2008	4 368 485	1 890 577	1 873 821	8 132 883
2009	4 285 679	2 124 237	1 593 027	8 002 943
2010	4 204 178	2 438 946	1 504 592	8 147 716
2011	4 258 582	2 620 960	1 631 313	8 510 855
2012	4 338 238	2 709 693	1 782 716	8 830 647
2013	4 491 346	2 586 749	2 176 170	9 254 265

资料来源：日本银行。

（一）日本商业银行资产规模的运行与日本中央银行基础货币的运行轨迹存在显著差异

第一，整体上看，商业银行资产规模对中央银行基础货币的变化缺乏弹性。2000～2013年，日本商业银行的资产从7 591 382亿日元增长到9 254 265亿日元，年均增速1.54%，而同期基础货币的年均增速为8.38%，商业银行资产规模的增速只有中央银行基础货币年均增速的1/5。第二，分段考察，量化宽松货币政策对商业银行资产规模变化的影响更不明显。2001～2006年量化宽松货币政策窗口开启期间，日本商业银行的资产规模虽然在 2001 年的大幅下降后每年都有缓慢的增长，但到 2006 年仍然没有恢复到 2000 年的水平。在 2007~2012 年量化宽松货币政策窗口关闭期间，日本商业银行的资产有相对快速的扩张。2013 年日本量化宽松货币政策重启，虽然商业银行资产规模增长了 4.7%，但仍不足当年基础货币增速的 1/10。日本商业银行资产规模的运行之所以与中央银行基础货币背离，或者说商业银行的资产规模对量化宽松货币政策缺乏弹性，主要原因在于：量化宽松货币政策下，中央银行基础货币的投放虽然会扩张中央银行的资产负债表，但它却只能改变商业银行资产的期限结构，不会直接扩张商业银行的资产规模。此外，21 世纪初期，正是日本商业银行不良债权处置的高峰期，虽然中央银行帮助商业银行消化了部分不良债权，但不良债权的绝大部分由商业银行进行资产减记、自我冲销。这一时期也是日本主流银行的重大重组期。目前，主导日本银行产业的四大商业银行：三菱日联、三井住友、瑞穗和理索纳都是这一时期并购完成的结果。在完成并购的初期，银行的工作重心主要是资产存量的优化，而不是资产规模的扩张。[①]

（二）日本商业银行贷款的变化与政府出台量化宽松货币政策的初衷严重背离

第一，整体上看，商业银行贷款对于中央银行基础货币的变化没有反应，显示出一定的惰性。2000~2013 年，贷款的年增速都运行在 ±3% 之间，而且扩张和收缩交替出现，互相抵消，所以与 2000 年相比，2013 年的贷款不仅没有增长，反而还下降 0.24%。第二，分段考察，量化宽松货币政策没有刺激贷款市场的复苏。在 2001~2006 年，日本商业银行的贷款不仅没有增加，反而快速减少。但在 2006~2012 年的量化宽松货币政策窗口关闭期间，日本商业银行贷款却有一定的扩张。第三，商业银行贷款份额显著下降。日本实施

---

① 目前日本第一大银行是三菱日联金融集团，该银行先后于 2001 年、2005 年和 2007 年完成了三次重大重组。第二大银行是三井住友金融集团，于 2001 年由樱花银行和住友银行合并合成。第三大银行是瑞穗金融集团，由第一劝业、富士和日本兴业三大银行合并合成，第四大银行由大和银行和旭日银行合并而成。

传统的商业银行体制，贷款一直是商业银行资产的最重要组成部分。数据显示，20 世纪 80～90 年代，日本商业银行的资产中，贷款大致上都维持 2/3 的份额，到 2000 年贷款份额仍超过 60%，但是 2001 年以后这一比例持续下行，到 2013 年已经跌破 50%，只剩下 49.12%。日本政府实施量化宽松货币政策的基本目标是希望商业银行在获得流动性注入后扩大贷款规模，拉动投资和消费，但是投资数据的运行结果表明这一政策的传导在银行体系内严重失灵。造成日本商业银行放贷动力不足，贷款份额持续下降的根本原因在于 20 世纪 90 年代日本经济泡沫破裂后恶劣的金融生态至今没有根本的改善。我们知道，只有在银行存贷利差高于不良贷款率时，银行放款才有利可图，放款才有动力。数据显示，2001 年，日本商业银行的不良贷款率曾经高达 8.4%，此后，虽然经过不良贷款的冲销和贷款的重组，不良贷款率有显著的下降，但是直到 2013 年，不良贷款率仍然还有 2.3%，高于同期银行存贷利差。在如此恶劣的金融生态下，商业银行难以寻找满足风险约束的个人和企业，放贷规模自然难以扩张。

（三）证券和其他资产的变化与量化宽松货币政策正相关

数据显示，与 2000 年比较，2013 年日本银行产业证券规模增长了 57.65%，年均增速 3.56%；其他资产增长了 65.93%，年均增速 3.97%，都明显高于总资产的增速，说明在量化宽松货币政策下，中央银行投放的流动性被商业银行主要配置到证券资产和其他资产。更详细的数据显示，证券资产中增量最大的是国债，其他资产中增量最大的是超额准备。由于政府发行国债后，流动性会通过经理国库的形式存放中央银行，而超额准备则由商业银行直接存放中央银行，因此，在量化宽松货币政策下，中央银行投放的流动性中的一大部分又直接或间接回到了中央银行，构成中央银行的负债，并没有起到支持经济的作用。证券资产中的大部分被商业银行用于股权投资和股票投资，其他资产中的同业存款大多也通过影子银行的方式流入证券市场，所以量化宽松货币政策直接或间接地促进了日本证券市场的复苏。不管是证券资产还是其他资产，要么在商业银行与中央银行之间封闭运行，要么进入虚拟经济部门空转，对日本经济的复苏都不产生直接影响。

　　由于在实施量化宽松货币政策时，中央银行除了购买长期国债，还购买了其他类型的长期债券，等于帮助商业银行的资产"消毒"，也由于商业银行在获得新的流动性以后，可以将资产自主配置到流动性好、安全性强、营利性高的品种，所以量化宽松货币政策下银行的业绩有显著的改善。英国《银行家》杂志"全球银行 1 000 排行榜"中，2000 年在日本上榜的 116 家银行中，有 65 家盈利下降，19 家严重亏损；2006 年，第一轮量化宽松货币政策结束时，日本上榜的 101 家银行中，业绩下降的只有 29 家，业绩亏损的只有 2 家，说明这一期间银行业绩有显著的改善，它无疑与量化宽松货币政策的实施有关。2013 年，日本上榜的 91 家银行税前利润达到 641.27 亿美元，基本接近历史的最高水平，也可以由新的量化宽松货币政策的实施得到部分解释。

　　在量化宽松货币政策下，受益最早的是日本银行产业，但受益最大是日本的证券市场。日经指数的运行显示，2000 年开始，日本证券市场出现了严重的下跌趋势，到 2003 年只剩下 7 831.41 点，此后量化宽松货币政策的效应开始显现，到 2007 年 4 月出现了 17 875.75 的高点。2007 年以后，日经指数再次下跌，日本股市再次陷入低迷状态，这显然与 2006 年量化宽松货币政策的退出有关。2013 年下半年，日本股市又强劲回升，显然是受到新一轮量化宽松货币政策的刺激。

　　中央银行只能控制流动性规模，无法控制流动性的流向，这是量化宽松货币政策的内生缺陷；中央银行希望商业银行将获得的流动性配置于信贷资产，但在金融生态恶劣的环境下，将流动性配置于信贷资产不符合商业银行经营的"三性"原则，导致银行没有将获得的流动性配置于信贷资产，这是量化宽松货币政策的现实约束。正是由于内生缺陷和现实约束的存在，导致量化宽松货币政策的传导机制在银行体系内被严重扭曲。

第五节　传导机制的扭曲与日本量化宽松货币政策失灵

　　我们知道，一国的总产出（Y）由私人部门消费（C）、私人部门投资（I）、政府部门净支出（G）和净出口（X－M）构成，即：Y＝C＋I＋G＋

（X－M）。其中，政府部门净支出 G 是财政政策的因变量，与货币政策无关，当然也与量化宽松货币政策无关，因此，量化宽松货币政策能影响的只有私人部门消费（C）、私人部门投资（I）和净出口（X－M）。量化宽松货币政策对私人部门消费的作用机理是：量化宽松货币政策下中央银行的流动性注入引起商业银行的流动性增加，商业银行为了应对流动性的增加扩大私人部门消费信贷，私人部门消费信贷的扩张刺激社会消费需求增长，社会消费需求增长拉动经济增长。量化宽松货币政策对私人部门投资的作用机理是：量化宽松货币政策下中央银行流动性的注入引起商业银行流动性增加，为了应对流动性的增加商业银行扩大私人部门工商信贷，私人部门工商信贷的扩张带动社会投资需求增长，社会投资需求增长拉动经济增长。量化宽松货币政策对净出口的作用机理是：量化宽松货币政策下中央银行基础货币的投放改变外汇市场供求格局，打压本币汇率，本币汇率的下降刺激本国出口抑制本国进口，改善本国贸易收支状况，拉动经济增长。

日本是一个高度依赖间接投资的国家，银行信贷在社会融资中占有绝对重要的份额。日本国内超过 50% 的私人消费来源于银行的消费信贷，更有超过 80% 的国内投资来源于银行的工商信贷（潘雅琼、唐传宝，2012），如果量化宽松货币政策的传导机制不被扭曲，则量化宽松货币政策应该能够实现刺激经济复苏和抑制通货膨胀的目标，但是研究显示，量化宽松货币政策在银行体系内已经被严重扭曲，正是由于这种扭曲导致日本量化宽松货币政策基本失灵。

表 6－3 显示，以 2000 年为基数，2013 年日本的 GDP 不仅没有增长，反而下降了 6.24%，年均降幅 0.49%。[①] 日本经济之所以长期低迷，其中最主要原因是消费不振、投资乏力和进出口萎缩。第一，消费不振。消费是日本 GDP 最重要的组成部分，其份额长期超过 60%。表 6－3 显示，2000～2013 年，日本的国内私人部门消费仅增长 0.96%，年均增速 0.07%，其中还包括 2013 年日本政府提高消费税引起的提前消费，如果扣除这一部分应该体现在未来的消费，日本的消费增长率应该为负值。第二，投资乏力。投资是日本

---

① 2010 年日本全球第二大经济体的地位被中国取代。

GDP 的第二大构成部分，占 GDP 的份额通常在 20% 以上。2000～2013 年，日本的国内私人部门投资不仅没有增长，反而下降了 19.31%，年均降幅达到 1.64%。2000 年日本国内私人部门投资占 GDP 的比例也由 2000 年的 25.21% 降至 2013 年的 21.69%，下降了 3.51 个百分点。第三，进出口萎缩。20 世纪 80 年代以来，日本保持了长期的贸易顺差，净出口规模不断扩张，有力地支撑了日本经济的增长，但是，进入 21 世纪后，净出口的扩张波动性下行，从 2001 年开始已经连续 3 年出现负值，已经成为拖累日本经济复苏的重要因素。

表 6-3　　　　　　　　　**2000～2013 年日本 GDP 构成变动情况**　　　　　　单位：亿日元

年份	国内生产总值	个人消费	私人投资	政府开支	净出口
2000	5 098 600	2 828 035	1 285 154	863 078	73 864
2001	5 055 432	2 843 555	1 228 360	896 546	32 342
2002	4 991 470	2 837 390	1 142 115	913 061	66 973
2003	4 988 548	2 819 533	1 122 238	913 434	82 571
2004	5 037 253	2 829 699	1 117 869	919 092	98 595
2005	5 039 030	2 853 453	1 125 739	924 681	70 937
2006	5 066 870	2 874 228	1 148 960	919 662	63 677
2007	5 129 752	2 883 147	1 157 812	927 929	86 732
2008	5 012 093	2 864 333	1 124 622	930 194	9 724
2009	4 711 387	2 772 197	979 905	938 196	17 267
2010	4 823 844	2 798 435	964 310	951 286	57 633
2011	4 706 232	2 782 809	968 722	962 033	- 42 834
2012	4 737 844	2 807 278	1 000 677	969 478	- 93 817
2013	4 780 357	2 855 191	1 037 018	983 975	- 136 056

资料来源：万德数据库。

表 6-3 还显示，真正支撑日本 GDP 的最重要因素是政府净支出。数据表明，2000～2013 年日本的政府净支出增长了 14.01%，年均增速 1.01%。不过，由于高债务率的约束，日本继续依赖扩大政府开支支撑经济增长的格局已经难以为继。从日本官方数据可知，2013 年日本的政府债务/GDP 比率已经接近 250%，是全球债务率最高的国家，远远超过曾经陷入债务危机的希

腊、西班牙、葡萄牙、爱尔兰、意大利等国。

进一步的研究显示，日本的量化宽松货币政策对刺激经济复苏的效果不明显（杨金梅，2011）。对比日本量化宽松货币政策窗口开启和关闭期间的数据，我们能够发现，量化宽松货币政策下的中央银行货币投放不仅没有引起私人部门消费的显著扩张，反而在量化宽松货币政策实施期间投资出现显著萎缩，贸易收支状况也没有根本性的改善。我们知道，私人部门消费基本上决定于私人部门的消费信贷，而私人部门投资则几乎完全决定于商业银行的工商贷款。所以我们有理由认为，量化宽松货币政策下日本消费不振和投资乏力主要是因为日本银行产业贷款的收缩，而进出口萎缩主要是因为日本进口的刚性，导致本币贬值的贸易收支改善效应失灵。

2012 年底，为了刺激经济复苏，日本首相安倍晋三提出以大胆的金融政策、灵活的财政政策和经济成长战略三大支柱支撑的安倍经济学。尽管日本政府对安倍经济学寄予厚望，然而效果并不明显。日本内阁府公布的数据显示，2014 年第二季度日本 GDP 增长率同比下降 1.7%，第三季度 GDP 进一步下降 1.6%，表明日本经济已经陷入技术性衰退，这一数据也充分说明了安倍经济学依然难以挽救日本经济，无法摆脱失败的结局。

第六节　本章小结

2001～2006 年日本量化宽松货币政策实践表明，中央银行只能控制流动性规模，不能控制流动性流向，这是量化宽松货币政策的内生缺陷；中央银行的政策目标与商业银行资产配置原则严重冲突，这是量化宽松货币政策的现实约束。由于内生缺陷和现实约束的存在，日本商业银行的信贷资产对中央银行的基础货币缺乏弹性，货币政策传导机制严重扭曲。由于货币政策传导机制扭曲，量化宽松货币政策下中央银行投放的基础货币无法拉动国内私人部门消费与投资，刺激经济复苏，抑制通货紧缩，因此，量化宽松货币政策基本失灵。

2014 年第二季度和第三季度日本经济持续连续负增长，进入技术性衰退，而且导致日本经济衰退的根本原因是消费不足和投资乏力，说明日本货币政策传导机制仍然处于扭曲状态，作为"安倍经济学"核心的量化宽松货币政策无法发挥预期的效果。

20世纪的最后10年，日本的经济增长几乎停滞，出现了第一个失去的10年，这是日本推出量化宽松货币政策的基本背景，但是尽管出台了量化宽松货币政策，日本经济在21世纪的第一个10年仍然没有转机，反而出现第二个失去的10年。根据已有数据判断，虽然有第二轮量化宽松货币政策的刺激，日本极有可能再度出现第三个失去的10年。

第七章　美国量化宽松货币政策的中国应对：定向宽松货币政策

本章导读：

2014年以来，中国实行了定向宽松货币政策，与美国量化宽松货币政策形成鲜明对照。研究显示，美国量化宽松货币政策存在两大内生缺陷。一是量化宽松货币政策导致美国联邦储备银行资产负债表急剧膨胀并持续恶化，使美国联邦储备银行自身的营运陷入困境；二是由于量化宽松货币政策传导机制被市场扭曲，美国联邦储备银行只能控制流动性的规模，不能控制流动性的流向，庞大的流动性被市场转化成投机资本，没有进入实体经济，导致量化宽松货币政策基本失灵。相比之下，中国定向宽松货币政策不会恶化中央银行的资产负债表，而且中央银行既能控制流动性的规模，又能控制流动性的流向。因此，中国定向宽松货币政策优于美国量化宽松货币政策。①

第一节　引言

2014年中国经济面临一定的减速压力，中国人民银行通过定向降息、定向降准、定向公开市场操作、定向再贷款、再贴现等政策工具实施定向宽松货币政策，以实现"保增长、促改革、调结构、惠民生"的政策目标。与美、日、欧为刺激经济复苏普遍采用量化宽松不同，中国选择的定向宽松是对宽

---

① 本章以2000～2014年的相关数据为研究样本。

松货币政策的新尝试。因此，对定向宽松和量化宽松货币政策进行比较研究具有一定的理论价值和现实意义。

美国的量化宽松货币政策自始至终都存在广泛而且严重对立的争论，争论的重点集中于量化宽松货币政策是否有效。陈静（2013）认为，量化宽松货币政策的实施为美国金融市场注入了庞大流动性，缓解了金融市场波动，在一定程度上修复了货币政策传导机制，延缓了经济衰退，刺激了经济复苏。廖国民、何传添、陈万灵（2014）从现实需要、效应依赖、制度支持和货币支持四个角度进行分析，得出美国量化宽松货币政策具有短期有效、长期无效的结论。李欢丽、李石凯（2013）通过对美国货币乘数运行状态的研究发现，美国存在显著的流动性陷阱，导致量化宽松货币政策基本失灵①。

对于定向宽松货币政策，国内学者也有一定的研究。陈彦斌、陈小亮（2014）认为定向宽松属于微刺激政策范畴，有利于解决宏观经济换挡期出现的增速下滑问题，而且未来可能出现微刺激的叠加，形成强刺激。王任洁（2014）认为定向宽松货币政策在解决当前突出问题方面具有定向精准微调优势，但应注重与其他政策配合使用。刘元春（2014）认为定向宽松货币政策具有阶段性特征，只能作为临时的政策，不能常态化，更不能成为结构调整的政策工具。本章试图通过中国定向宽松货币政策与美国的量化宽松货币政策的比较，对中国定向宽松货币政策作出评价。

第二节　量化宽松货币政策的第一个内生缺陷：
恶化中央银行的资产负债表

美国量化宽松货币政策的实施过程实际上是美国联邦储备银行通过从金

---

① 对于 2014 年 10 月 30 日美国联邦储备银行的行动，大量媒体认为是美国联邦储备银行已经"退出"量化宽松货币政策。但本章认为，量化宽松货币政策退出的过程应该是美国联邦储备银行出售已持有的长期国债和住房抵押证券、收缩其资产负债规模，使资产负债表恢复正常状态的过程，而这一过程远未开始。因此，2014 年 10 月 30 日年美国联邦储备银行只是"结束"了，而不是"退出"了量化宽松货币政策。

融市场收购长期国债和住房抵押贷款支持证券向市场投放基础货币的过程（向松祚，2012），所以量化宽松货币政策最直接的影响是基础货币的扩张和美国联邦储备银行资产负债表的膨胀，而且随着规模的膨胀，结构也被扭曲，这是量化宽松货币政策第一个显著的内生缺陷。

基础货币是中央银行直接向银行体系供给的现金流动性，迄今为止，美国已经实施了三轮量化宽松货币政策，其操作工具或者侧重于长期国债，或者侧重于住房抵押贷款支持证券，但操作目标都是扩张基础货币规模。图7-1描述了量化宽松货币政策实施以来美国基础货币扩张的状况，为了便于比较，图7-1同时描述了2000~2007年基础货币的变动。可以看出，2000~2007年美国的基础货币运行几乎成一条水平线，2000年末的基础货币总规模为5 983.05亿美元，2007年末基础货币总规模为8 371.92亿美元，7年的年均增速只有4.9%。2008年美国实施第一轮量化宽松货币政策，基础货币的运行开始脱离正常轨道。① 与2007年末比较，2008年末的基础货币扩张了99.04%，当年的基础货币增量为8 291.73亿美元，是2000~2007年累计增

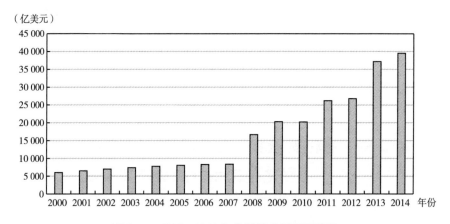

（亿美元）

图7-1 2000~2014年美国基础货币的运行

注：2014年数据为2014年6月份数据。

资料来源：美国联邦储备银行。

---

① "严格意义上，美国第一轮量化宽松货币政策是2009年3月才宣布正式实施的，但2008年底美联储为了救市，已经开始收购两房债券，这对2008年的基础货币已经产生影响，所以此处以2008年为量化宽松货币政策的开始年份。"

量 2 388.87 亿美元的 3.4 倍，这一增速在美国基础货币运行的历史上几乎没有出现过。然而，美国基础货币的快速膨胀并不只是 2008 年一年，由于第二轮和第三轮量化宽松货币政策的推出，此后 6 年美国的基础货币都呈现出超高速扩张的态势，以 2007 年的数据为基数，到 2014 年 6 月，美国基础货币的规模已经达到 39 486.91 亿美元，按照 2014 年 6 月底的数据计算，国际金融危机以来的 6 年多时间里，美国基础货币的年均增量多达 4 786.92 亿美元；也就是说年均增量已经接近 2000 年末基础货币的存量，年均增速高达 26.95%，是 2000 ~ 2007 年增速的 5 倍之余。

一般来说，在量化宽松货币政策下，中央银行通过购买长期国债或者是住房抵押贷款支持证券投放的流动性会形成中央银行的负债，而购买的长期债券和住房抵押贷款支持证券则成为中央银行的资产，所以与基础货币高速扩张同时出现的是美国联邦储备银行资产规模和负债规模的膨胀。美国联邦储备银行的数据显示，与 2007 年比较，2008 年美国联邦储备银行的资产规模增加了 159%，超过 2007 年资产规模的两倍。2007 ~ 2014 年 6 月的 6.5 年中，美国联邦储备银行资产年均增速达到 28.7%，创下了美国历史的新高。

借助以下两组指标，本章能够对美国联邦储备银行资产负债表恶化的状况作进一步的了解。第一，资产/GDP 比率。2007 年美国的 GDP 为 144 803 亿美元，资产/GDP 比率为 6.17%；2013 年美国 GDP 为 167 997 亿美元，资产/GDP 比率为 24.01%。也就是说，6 年多来美国联邦储备银行资产/GDP 比率增加了近 3 倍。第二，资本/资产比率。2007 年末，美国联邦储备银行资本为 371.12 亿美元，资本/资产比率为 4.15%；2013 年末，美国联邦储备银行资本为 550.18 亿美元，资本/资产比率只剩下 1.36%，只相当于 2007 年的 1/3。

量化宽松货币政策对美国联邦储备银行资产负债表的影响不只限于规模的膨胀，还包括结构的扭曲。按照惯例，中央银行持有的资产应该满足非营利性、流动性和安全性三大特征，美国联邦储备银行也不例外，因此，2007 年美国联邦储备银行资产结构中，证券类资产[①]占比为 84.43%，黄金、外汇、特别提款权等其他资产合计占 15.57%。通过历史比较，本章发现这种结

---

① 证券类资产全部为国债。

构大致上属于美国联邦储备银行资产构成的常态。值得注意的是，在这种常态结构中，并不包括住房抵押贷款支持证券。因为住房抵押贷款支持证券市场价格波动性剧烈、安全性差，不符合中央银行资产配置的原则；而自从2008年实施量化宽松货币政策以来，这一类高风险资产不仅被列入联邦储备银行资产的范畴，而且增速迅猛。2014年11月，美国联邦储备银行资产负债表中，证券类资产占总资产的比重已经达到98.22%，其中，住房抵押贷款支持证券占总资产的比率也高达38.27%，很显然，这是一种严重扭曲的资产结构①。

基于上述分析，本章可以做出以下判断，2014年开始美国逐渐退出量化宽松货币政策的最主要原因是美国联邦储备银行的资产负债表已经扩张到极限，继续实施量化宽松货币政策的风险将无法控制。也就是说，美国退出量化宽松货币政策与它的效果无关，即使政策完全无效，在资产负债表已经扩张到极限的时候，美国联邦储备银行也只能选择退出。

第三节　量化宽松货币政策的第二个内生缺陷：扭曲货币政策的传导机制

量化宽松货币政策的有效传导路径是中央银行从银行系统购买长期资产释放短期流动性，商业银行将获得的流动性更多地配置于消费信贷和工商信贷，国内消费和国内投资扩张，刺激经济复苏，拉动经济增长。然而，由于中央银行的政策预期与商业银行的资产配置原则严重冲突，而且中央银行只能控制流动性的规模，不能约束流动性的流向；且在实施过程中银行体系没有将获得的流动性更多地配置于消费信贷和工商信贷，因此，国内消费和国内投资没有得到相应的扩张；也即量化宽松货币政策的传导机制显著失灵。这就是量化宽松货币政策的第二个内生缺陷。

---

① 住房抵押贷款支持证券是导致国际金融危机的主要金融工具，金融危机爆发后媒体普遍将其视为"有毒资产"，所以量化宽松货币政策实施的过程实质上是中央银行为商业银行体系资产"消毒"的过程。由于庞大的"有毒资产"转嫁到央行资产负债表中，美国商业银行体系才得以在危机后快速复苏。

美国量化宽松货币政策传导机制的失灵最早出现在银行体系，对 2007～2014 年美国银行体系资产规模和结构的变化进行分析，能够发现这种失灵的存在。表 7 - 1 显示，2007～2014 年，美国银行体系的总资产除了 2009 年有所下降以外，其他年份都有一定的增长，这说明美国银行业在受到金融危机的冲击后得到了快速的恢复。美国联邦存款保险公司的数据还显示，到 2013 年末，不仅美国银行体系的总资产超过了危机前的水平，盈利状况也已经恢复到金融危机前的水平①。按照量化宽松货币政策设计者的初衷，配合量化宽松货币政策的实施，商业银行应该将更多的资产配置到信贷资产而减少其他资产的持有，但实际运行状况则完全相反。以 2007 年数据为基数，到 2014 年 10 月，美国银行体系中增速最快的是其他资产，增速高达 21%，说明商业银行获得的流动性或者通过准备金的形式回流中央银行，或者通过现金的形式滞留在银行体系的内部。逻辑上讲，量化宽松货币政策的实施过程应该是银行体系证券资产不断收缩的过程，但是实际运行的结果是证券资产只有 2013 年略为有所减少，其他年份都有所增加，而且证券资产的增速与总资产的增速完全一致。这些数据意味着在商业银行将缺乏流动性的长期国债和缺乏安全性的住房抵押贷款支持证券出售给中央银行之后，商业银行又重新配置了庞大的具有流动性和盈利性的证券资产。如果量化宽松货币政策的传导机

表 7 - 1　　　　　2007～2014 年美国银行体系资产结构的变化　　　　单位：亿美元

年份	证券	贷款	其他	总资产
2007	20 792.70	68 851.52	19 442.88	109 087.10
2008	20 945.02	72 321.15	30 247.93	123 514.10
2009	23 307.14	66 805.24	27 416.12	117 528.50
2010	24 172.24	68 121.31	26 409.85	118 703.40
2011	25 028.91	69 717.53	31 557.56	126 304.00
2012	27 511.94	73 057.16	31 527.10	132 096.20
2013	27 236.51	74 467.35	38 915.34	140 619.20
2014	28 540.28	78 310.67	42 883.15	149 734.10

资料来源：美国联邦储备银行。

---

① 在国际金融危机中，美国政府重点救助的就是银行产业，通过政府直接注资和收购不良资产，使银行体系相对快速得到恢复。这也是奥巴马政府的最重要政绩。

制不被扭曲，商业银行应该将获得的流动性更多地配置在信贷资产。但是表 7 - 1 显示，增速最慢的却恰恰是银行信贷资产。与 2007 年比较，2014 年信贷资产增速只有 13.73%，而同一时间段的基础货币增速为 371.66%，说明信贷资产对基础货币几乎完全缺乏弹性。信贷资产对基础货币缺乏弹性正是美国量化宽松货币政策失灵的最主要解释变量。

本章还可以通过观察美国银行体系中不同资产份额的变动来求证量化宽松货币政策传导机制失灵的结论。2007 年美国银行体系中，信贷资产占总资产的比重为 63.12%，证券资产占 19.06%，其他资产占 17.82%；2014 年信贷资产占总资产的比重为 52.30%，证券资产占 19.06%，其他资产占 28.64%。值得注意的是，本来应该下降的证券资产份额维持不变，本来应该增长的信贷资产份额却下降了超过 10 个百分点，其份额被转移到本来也应该下降的其他资产。历史数据显示，2014 年美国商业银行资产结构的分布是一种非正常状态。

美国量化宽松货币政策的传导机制在银行体系遭遇扭曲其根本原因在于，在金融危机冲击下，美国信贷市场严重恶化。美国联邦储备银行的数据显示，国际金融危机以来，美国的信贷违约率一直居高不下，长期运行在 4% ~ 7%，而同期的信贷利差则一直运行在 3.5% 左右。对于商业银行而言，信贷的增加就意味着损失的增加，因此，商业银行将资产配置到信贷市场显然不符合流动性、安全性、营利性的经营原则。美国联邦储备银行希望通过量化宽松扩张银行信贷，商业银行基于三性原则必须收缩信贷，两者之间存在严重冲突；而且美国联邦储备银行只能控制流动性的规模，无法约束流动性的流向，资金配置的主动权并不在中央银行而在商业银行，所以量化宽松货币政策的传导机制失灵成为必然。

美国是一个高负债的国家，居民的消费主要来源于银行的消费信贷，企业的投资主要来源于银行的工商信贷，由于量化宽松货币政策在银行体系内已经被扭曲，所以构成美国 GDP 重要组成部分的国内消费和国内投资复苏乏力。美国商务部经济分析局的数据显示，2007 年美国的国内消费为 977 444 亿美元，国内投资为 32 360 亿美元；2013 年，美国的国内消费为 114 843 亿美元，国内投资为 32 443 亿美元。与 2007 年比较，2013 年的国内消费只增长了 17 399 亿美元，年均增速 2.78%；国内投资只增长 83 亿美元，年均增速 0.43%。这同样说明美国的国内消费和国内投资对基础货币缺乏弹性，由于量化宽松货币政策下，传导到国内消费和国内投资的资金有限，约束了美国宏观经济的运行。

在宏观经济层面，美国量化宽松货币政策的目标抑制通货紧缩、降低失业水平和刺激经济复苏三个方面①。美国经济运行数据显示，量化宽松货币政策对抑制通货膨胀和刺激经济复苏无效，只对降低失业水平起到了一定的作用。首先，按照一般经济学原理，通货膨胀与货币供应显著正相关，即紧缩货币供应量能降低通货膨胀，扩张货币供应量会拉升通货膨胀。伯南克正是基于这一原理试图用扩张货币供应量的方式拉升通货膨胀预期，但是与量化宽松货币政策下基础货币扩张的初衷相背离，美国的消费物价指数实际上都运行在通货紧缩的区间。2012 年 9 月，美国推出第三轮量化宽松货币政策，美联储重新设定 2.5% 为通货膨胀控制目标，也就是说，按照美联储当时的设计，只有通货膨胀达到或超过 2.5%，才会退出通货紧缩。然而直到美联储宣布结束量化宽松货币政策的 2014 年 10 月，美国的通货膨胀仍然维持在较低的水平，离控制目标有相当大的差距，这充分表明美国结束量化宽松货币政策并不是因为通货膨胀目标已经实现，而是因为即使是美联储也对实现通货膨胀目标失去信心。其次，在经过国际金融危机的剧烈冲击之后，美国经济得到了一定复苏，尤其是与陷入持续衰退的欧洲经济比较，复苏态势更加明显。但是，本章认为不能将美国经济的复苏归功于量化宽松货币政策的实施，美国 GDP 的复苏是国内投资、国内消费、政府开支和进出口四个因素共同影响的结果。如果量化宽松货币政策有效，则拉动美国经济复苏的主要变量应该是投资和消费。但结构分析显示，美国 GDP 的复苏主要来源于政府开支的扩张和贸易收支的改善。最后，国际金融危机爆发的前两年，美国失业率曾经持续攀升，而且相当长时间运行在 10% 以上。第三轮量化宽松货币政策实

---

① 在第三轮量化宽松货币政策出台时，美国联邦储备银行曾经设定两个具体标准，一是消费物价指数达到 2.5%；二是失业率低于 6.5%。虽然没有明确说明经济增长率的标准，但经济增长率无疑已经隐含在前两个指标之中。这些指标说明美国实施量化宽松货币政策目标的明确性。

施以来，美国失业率有所下降，到 2014 年 10 月已经下降到 6.5% 以下。如果仅仅考察失业率，能够得出量化宽松货币政策有效的结论；但事实上，失业率的下降也成为支撑量化宽松货币政策有效论的最有力证据。

本章的研究显示，即使第三轮量化宽松货币政策以来，美国的失业率有显著的下降，但是根据 CPI 和 GDP 的运行，仍然难以做出量化宽松货币政策有效的结论。实际上，根据美国联邦储备银行 FOMC 的会议纪要，本章可以推断，结束量化宽松货币政策不是因为货币政策达到了预期目标，而是因为美国联邦储备银行对继续实施量化宽松引发通货膨胀存在强烈的疑虑。美国量化宽松货币政策的传导机制在银行体系内被扭曲，美国联邦储备银行对流动性的流向失去控制力，导致量化宽松货币政策基本失灵。

第四节　中国定向宽松货币政策评价

由于国际国内多种不利因素的叠加，国际金融危机以来中国经济一直面临强大的减速压力，虽然政府屡次下调经济增长目标，将 GDP 增长率运行在 7.5% 左右即视为新常态，但 2014 年的经济运行还是给予政府和央行巨大压力。数据显示，2014 年第一季度，经济增长率只有 7.4%，第二季度略有回升，也只有 7.5%，第三季度再回落到 7.3%。面对经济的持续下行，中国政府必须出台相对宽松的货币政策，以减轻减速压力，稳定增长动能；同时，宽松货币政策还必须配合产业调整、结构转型和改善民生的政策目标。

面对持续的经济下行压力，中国人民银行并没有选择与美国一样的量化宽松货币政策，而是选择有限的定向宽松货币政策。2014 年 4 月 22 日，中国人民银行发布公告，决定从 4 月 25 日起下调县域农村商业银行人民币存款准备金率 2 个百分点，下调县域农村合作银行人民币存款准备金率 0.5 个百分点，开启了定向降准的序幕。2014 年 6 月 9 日，中国人民银行再次发布公告，决定从 6 月 16 日起对符合审慎经营要求且“三农”和小微企业贷款达到一定比例的商业银行下调人民币存款准备金率 0.5 个百分点，对财务公司、金融租赁公司和汽车金融公司下调人民币存款准备金率 0.5 个百分点，进一步扩大了定向降准的范围。2014 年 5 月 8 日，中国人民银行发布公告，决定拓宽消费金融公司等非银行金融机构的融资渠道，合理调整金融租赁公司、汽车金融公司发行金融债券的条件，加大金融对消费的支持力度。2014 年 8 月 27 日，中国人民银行对部分分支行增加支农再贷款额度 200 亿元，引导农村金融机构扩大涉农信贷投放；同时，支农再贷款执行优惠利率，贫困地区符合条件的农村金融机构支农再贷款利率可在优惠利率基础上再降 1 个百分点。这是中国人民银行使用定向降息、定向再贷款政策工具降低"三农"融资成本。2014 年 9 月，中国人民银行创设中期借贷便利（MLF）；9 月和 10 月，中国人民银行通过中期借贷便利向国有商业银行、股份制商业银行、较大规模的城市商业银行和农村商业银行等分别投放基础货币 5 000 亿元和 2 695 亿元，期限均为 3 个月，利率为 3.5%，这是中国人民银行实施定向公开市场操作的新尝试。2014 年 9 月 30 日，中国人民银行和银监会联合发布《关于进一步做好住房金融服务工作的通知》，决定使用定向宽松货币政策组合，积极支持居民家庭合理的住房贷款需求。很显然，由定向降息、定向降准、定向公开市场操作、定向再贷款构成的定向宽松货币政策成为 2014 年中国货币政策的主旋律。

本章认为，中国政府选择定向宽松而非量化宽松的货币政策主要是吸取了国际国内两个方面的经验教训。首先，由于国际金融危机的冲击，2008 年，配合政府 4.2 万亿元的投资，中国人民银行不断下调基准利率和法定存款准备金率，并通过公开市场操作，实施大幅度的宽松货币政策，结果是庞大的流动性进入非实体经济部门，引起黄金、煤炭、钢材等大宗商品价格暴涨。中央银行注入的流动性仅仅助长了虚拟经济的非理性繁荣。

其次，美国、欧盟和日本实施量化宽松货币政策的经验教训。经国际金融危机之后，美国、欧盟和日本都相继实施规模庞大的量化宽松货币政策，但结果均难以令人满意。日本自 2001 年开始，连续 6 年实施量化宽松货币政策，但仍改变不了通货紧缩和经济负增长的困境，甚至陷入了第二个失去的十年（杨晶晶，2013）。2008 年开始，美国先后实施了三轮量化宽松货币政策，规模逐渐加码，期限不断延长，但无论是 GDP 还是 CPI，运行都没有达到政府的预期目标，可见无差别、无针对性的量化宽松货币政策难以刺激经济复苏、抑制通货紧缩、降低失业水平。

与美国的量化宽松货币政策相比，中国的定向宽松货币政策具有两大优势。第一，定向宽松的货币政策不会恶化中央银行的资产负债表。定向降息属于价格型宽松货币政策，其主要功能在于通过利率传导机制，降低市场利率，减轻特定产业和特定市场的融资成本。定向降准虽然与量化宽松一样同属于数量型量化宽松货币政策，但是对央行资产负债表的影响完全不同，定向降准的实施过程实际上是央行资产负债表规模的收缩过程，定向公开市场操作虽然对中央银行的资产负债表会产生影响，但与美联储直接操作中长期工具不同，中国定向宽松操作的工具侧重于中短期工具，所以它对中央银行的资产负债表不会产生长期影响。第二，定向宽松货币政策下，中央银行不仅能控制流动性的规模，而且能够控制流动的流向，实现货币政策预定目标。2014 年 4 月 22 日的定向降准有利于有针对性地增强县域农村金融机构财务实力，提高其支持"三农"发展的能力，起到引导信贷资源更多流向"三农"和县域的正向激励作用，增强金融服务实体经济的能力，支持国民经济重点领域和薄弱环节。在稳健货币政策取向下，此次准备金率结构性调整不会影响银行体系总体流动性，符合稳定总量、盘活存量、优化结构的原则。2014 年 6 月 16 日的再次定向降准覆盖大约 2/3 的城商行、80% 的非县域农商行和 90% 的非县域农合行，此举有利于鼓励商业银行等金融机构将资金更多地配置到实体经济中需要支持的领域，确保货币政策向实体经济的传导渠道更加顺畅。对财务公司、金融租赁公司和汽车金融公司的降准则有利于提高企业资金运用效率及扩大消费。8 月 27 日对支农再贷款额度的增加，有利于加强支农再贷款管理，引导农村金融机构降低涉农贷款利率，提高支农再贷款使用效率。2014 年 9 月创设的中期借贷便利，有利于保持银行体系流动性总体平稳适度，支持货币信贷合理增长，以进一步提高调控的灵活性、针对性和有效性。总体来看，在外汇占款渠道投放基础货币出现阶段性放缓的情况下，中期借贷便利起到了补充流动性缺口的作用，有利于保持中性适度的流动性水平。9 月 30 日公布的住房金融服务公告有利于进一步改进对保障性安居工程建设的金融服务，继续支持居民家庭合理的住房消费，促进房地产市场持续健康发展。

回顾改革开放以来中国货币政策演进的历程可以发现，中国货币政策正在由全面调控走向定向调控（李方、段福印，2013）。与全面宽松比较，定向宽松具有以下优势。第一，稳健性更显著。长期以来，中国货币政策的工具主要以控制货币发行量和信贷规模管理为主，操作方向呈现逆经济周期的特点，即在经济周期中的收缩阶段，全面放松银根和扩大贷款规模；在经济周期中的扩张阶段，全面收缩银根和压缩贷款规模。这种货币政策曾经导致了"一放就乱、一抓就死"的现象，充分体现了中国货币政策缺乏稳健性和可持续性。然而，定向宽松的货币政策不受经济周期的约束，可以根据当前经济发展新形势对重点问题和局部问题进行有针对性的调整，维持整体经济运行的稳定性和可持续性。第二，前瞻性更明确。以往货币政策总是侧重于解决已出现的问题，缺乏前瞻性，滞后于经济发展的实际需要。政策运行效果往往与政策目标冲突，本来是为了"熨平"经济周期的政策，其结果往往是助长了经济波动。相比之下，定向宽松货币政策侧重于经济发展中的重点和薄弱环节，例如"三农"问题、小微企业融资难问题和民生金融问题，能够对经济发展可能出现的问题进行前瞻性预测，使货币政策更能适应经济发展的趋势。第三，灵活性更突出。以往的货币政策缺乏针对性，"一刀切"现象严重，不仅加剧了城乡差距而且加剧了产业发展的不均衡。定向宽松货币政策可以在不牺牲经济发达地区和优势产业经济效率的前提下，给予欠发达地区和弱势产业以政策支持，解决当前突出的各种发展不平衡问题，缩小差距，促进整体经济的均衡与协调发展。

按照媒体普遍流行的说法，美国量化宽松货币政策属于大水漫灌，资金几乎不可能流向预期的产业或市场；而中国的定向宽松货币政策属于喷灌、滴灌，具有强烈的指向性，资金能够流向特定的产业和市场，发挥积极的作用。因此，中国的定向宽松货币政策优于美国的量化宽松货币政策。

第五节　本章小结

本章研究显示，美国量化宽松货币政策存在两大内生缺陷。一是量化宽松货币政策使得美国联邦储备银行资产负债规模快速膨胀并急剧恶化，影响了货币政策的可持续性，收窄了未来货币政策的操作空间；二是量化宽松货币政策只能控制流动性规模，无法约束流动性的流向，中央银行通过基础货币扩张投放的流动性没有按照预期流入实体经济部门，严重影响了货币政策效果，导致量化宽松货币政策基本失灵。

按照美国联邦储备银行的说法，结束量化宽松货币政策的目的是使货币政策恢复常态运行。但是，结束量化宽松货币政策容易，使货币政策运行恢复常态却很困难。美国联邦储备银行退出量化宽松货币政策的过程就是不断收缩其资产负债表的过程。为了不影响其市场的剧烈动荡，这一过程需要相当长的时间。所以在未来的若干年，美国联邦储备银行的主要工作是选择合理的时间和市场消化量化宽松货币政策的负面效应。美国联邦储备银行之所以结束量化宽松货币政策，更主要的原因是为了化解其资产负债表恶化的问题。与美国漫灌型量化宽松货币政策不同，中国的定向宽松货币政策属于喷灌、滴灌型，具有非常明确的针对性，中央银行投放的流动性能够有效地流入特定产业和特定市场，而且不会造成中央银行资产负债表的恶化，即中国的定向宽松货币政策既不会恶化中央银行的资产负债表，又能约束流动性的流向。实践已经证明并将继续证明，定向宽松是比量化宽松更优的货币政策。

与美国量化宽松货币政策相比，中国经济已经进入新常态，政府工作的重心已经转移到"保增长、促改革、调结构、惠民生"，相信定向宽松货币政策能同时实现经济增长、体制改革、结构转型和民生改善的均衡，是既有时代特色也有长远影响的货币政策选择。

第八章　美国量化宽松货币政策的中国应对：人民币国际化战略的支撑体系与人民币国际化发展的非均衡问题

本章导读：

人民币国际化战略是通过细分战略使人民币成为贸易结算货币、国际投资货币、国际储备货币、离岸信贷货币、外汇交易货币、离岸债券货币的顶层设计。研究显示，人民币国际化战略已经取得显著成就，但是由于构成人民币国际化战略支撑体系的人民币国际化细分战略对不同区域和不同形态人民币国际化进程作用深度和广度存在差异，加之中国主流银行当前的国际化战略不能适应人民币国际化水平持续提升的现实，人民币国际化发展出现了显著的非均衡。我们建议应该强化人民币离岸金融中心建设战略和引导商业银行国际化战略转型，使人民币国际化由非均衡走向均衡。我们相信，随着人民币国际化战略的不断深入，人民币国际化进程还会持续加速，在未来人民币将成为最重要的主流货币之一。①

第一节　引言

根据环球同业银行金融电讯协会（SWIFT）公布的数据，2015 年 8 月人

---

① 本章以 2010~2015 年的相关数据为研究样本。

民币在全球贸易结算货币中占比 2.79%，超越日元的 2.76%，成为紧随美元、欧元和英镑之后的第四大贸易结算货币。中国人民银行公布的数据显示，2015 年上半年人民币跨境直接投资高达 23 000 亿元，比 2014 年同期增长 389.46%，人民币成为全球跨境直接投资增长最快的货币。香港金融管理局公布的数据显示，2015 年 9 月中国香港地区人民币离岸存款达到 8 954 亿元，长期维持人民币全球离岸金融中心第一的位置。根据中经网的报道，2015 年前三季度新加坡离岸人民币累计清算量达 47.1 万亿元，与 2014 年同期相比，涨幅高达 97.36%，新加坡已成为仅次于中国香港地区的全球第二大人民币离岸交易中心。[①] 这四则新闻都说明，自 2009 年人民币国际化战略正式启动以来，人民币国际化已经取得显著成就，并在不断登上新台阶。

然而，通过进一步观察我们却发现，在形态上人民币国际化的发育程度并不都像贸易结算货币和国际投资货币那样高，在区域上人民币国际化的增长速度也并不都像中国香港市场和新加坡市场那样快，也就是说，人民币国际化无论在形态上还是在区域上都存在显著的非均衡性。我们认为，人民币国际化发展的非均衡已经并将继续对人民币国际化进程的可持续性产生负面影响，必须采取有效措施进行调控。

本章对人民币国际化战略的支撑体系、不同细分战略对人民币国际化进程的影响、人民币国际化发展非均衡的原因进行了相对深入的研究。我们建议，在制度层面应该通过强化人民币离岸金融中心建设战略和构建银行业国际化国家战略，在市场层面应该通过鼓励和引导商业银行国际化战略转型和升级，使人民币国际化从不对称走向对称，从非均衡走向均衡。

第二节　文献综述

研究显示，在全球货币金融领域人民币国际化还属于一个新命题，国外

---

① 资料来源：以上数据分别来自 http：//www. swift. com/，http：//www. pbc. gov. cn/，http：//www. hkma. gov. hk/，http：//www. ce. cn/。

学者尚没有专题性研究，但是国内学者对人民币国际化问题的讨论已经持续了相当长时间，而且由于中国政府持续出台人民币国际化战略举措和人民币国际化水平快速提升，人民币国际化问题的研究正在不断升温，已经出现了相当多有价值的研究成果。

国内学者对人民币国际化问题进行研究的文献最早可以追溯到改革开放初期，由于中国经济的起飞和对外贸易依存度的提高，20 世纪 90 年代就有学者对人民币国际化问题进行过探讨。胡定核（1990）基于国际货币多极化视角，对人民币国际化的必要性和可能性进行了研究，认为人民币应该分阶段实现国际化。李翀（1991）基于中国已经成为全球贸易大国和经济大国的现实，分析了人民币走向国际化存在的差距，在借鉴有关国家货币国际化经验的基础上，提出人民币国际化的发展战略。不过，这一时期中国政府对外经济政策的重心是促进出口和利用外资，人民币国际化尚没有提上议事日程，所以学者的讨论也主要停留在人民币国际化的制度构想和政策建议上。

20 世纪 90 年代末期，在以索罗斯为首的全球"金融大鳄"冲击下，东南亚金融危机爆发，几乎所有的东南亚国家货币急剧贬值，只有中国政府坚持人民币不贬值政策，人民币成为亚洲唯一坚挺的货币。大量的人民币通过合法和非法的地下钱庄等渠道流出国内、流入东南亚国家，形成事实上的人民币国际化，所以这一时期有关人民币国际化问题的讨论大多与人民币外逃相联系。巴曙松（2002）对 1992～2000 年中国香港市场人民币存量进行了估算，认为东南亚金融危机期间，人民币大量流入中国香港市场，事实上加快了人民币国际化进程和中国香港人民币离岸金融中心建设。董继华（2008）估算了 1999～2005 年境外人民币存量的变化过程，结果显示东南亚金融危机期间境外人民币存量快速扩张，说明东南亚金融危机加快了人民币的国际化进程。

2008 年，由于美国次贷泡沫破裂，国际金融危机全面爆发，美、欧、日等国际货币发行主体相继实施量化宽松货币政策，庞大的流动性进入国际金融市场，造成全球货币市场剧烈动荡，国际资本无序流动，既有的国际货币体系受到强烈挑战，但国际金融危机事实上也给人民币国际化提供了契机。李石凯、杨公齐（2009）的研究认为，全球金融危机给人民币国际化打开了有利的时间窗口，中国政府应该抓住全球金融危机提供的机遇，利用人民币贸易结算试点，推进人民币国际化进程。沈小燕（2009）通过对美元、日元、欧元三大货币国际化过程的剖析，说明一国货币国际化除决定于国家综合国力外，还需要历史机遇，全球金融危机恰好为人民币国际化提供了这一机遇，因而建议中国政府应该利用全球金融危机的时机积极加快人民币国际化进程。2009 年，中国政府通过跨境贸易人民币结算制度安排正式启动人民币国际化战略，人民币国际化问题的研究也形成高潮。这一时期，有关人民币国际化问题有代表性的研究成果有：杨长湧（2010）认为人民币国际化的区域选择主要包括东亚、东南亚和上海合作组织，并应按短期、中期和长期三个阶段分步推进。潘英丽、吴君（2012）认为在全球经济格局大变化、国际货币金融环境不稳定的背景下，人民币国际化应采取前期稳健创造需求、后期激进释放供给的推进策略。陈学彬、李忠（2012）认为人民币国际化是一个从区域到全球和从结算货币到储备货币逐步拓展的长期过程，中国政府应适时适度稳步推进人民币的国际化。

以上文献表明，国内学者对人民币国际化问题的研究基本上都围绕人民币跨境流通的现状、人民币国际化对中国经济的影响、人民币国际化的现实性和可行性、人民币国际化的路径选择和人民币国际化未来走势五个方面展开，大体形成两个基本共识，第一，对中国政府实施人民币国际化战略给予充分肯定；第二，对人民币国际化的未来进程给予积极判断。我们相信，随着人民币国际化战略效应的持续显现，人民币国际化进程还会进一步加速，未来的人民币会成为与美元、欧元抗衡的国际主流货币，所以人民币国际化问题的讨论还会持续升温并不断深入。

第三节　人民币国际化战略的支撑体系与战略目标

（一）人民币国际化战略的支撑体系

所谓人民币国际化是指人民币成为国际主流货币，在国际货币体系中占有一定份额的过程，所谓人民币国际化战略就是中央政府根据国际国内经济金融环境出台的一系列实现人民币国际化的政策举措和制度保障。严格意义上讲，人民币国际化战略仅仅是一个顶层制度设计，需要细分战略进行配套和支撑，政策才能落地，政策效果才能够观察和管控，我们将这类细分战略统称为人民币国际化战略的支撑体系。人民币国际化战略的目标，是使人民币既成为贸易结算货币、国际投资货币、国际储备货币，也成为外汇交易货币、离岸信贷货币、离岸债券货币，而且这六大目标应呈均衡协调发展。

现有的人民币国际化战略支撑体系由跨境贸易人民币结算战略、跨境人民币直接投资战略、政府间双边本币互换战略和人民币离岸金融中心建设战略等四个细分战略构成。其中，跨境贸易人民币结算战略是通过开放贸易账户使人民币走向国际化，跨境人民币直接投资战略是通过开放投资账户使人民币走向国际化，政府间双边本币互换战略是通过开放官方账户使人民币走向国际化，人民币离岸金融中心建设战略是通过构建完善的人民币离岸金融市场体系使人民币走向国际化。所以现有人民币国际化战略支撑体系可以归纳为三个账户的开放加上一个中心的建设，即"3＋1"模式。跨境贸易人民币结算战略下，进口人民币结算形成人民币的流出，出口人民币的结算形成人民币的流入，所以跨境贸易人民币结算战略的实施能够使人民币成为贸易结算货币。跨境人民币直接投资战略下，境内企业人民币对外直接投资会形成人民币的流出，境外企业人民币对内直接投资会形成人民币的流入，所以跨境人民币直接投资战略的实施能够使人民币成为国际投资货币。政府间双边本币互换战略下，外国政府使用协议约定的人民币会形成人民币的流出，外国政府偿还已经使用的人民币本息会形成人民币的流入。通常而言，外国政府使用协议人民币一般是将它直接计入政府外汇储备，所以，政府间双边本币互换战略能够使人民币成为国际储备货币。当然，还有一些国际货币的形态不能由账户的开放直接产生，例如离岸信贷货币、外汇交易货币和离岸债券货币，需要有一个完善的离岸人民币市场。因此，人民币离岸金融中心建设战略，就是建立离岸人民币信贷市场，使人民币成为离岸信贷货币，建立离岸人民币外汇市场，使人民币成为外汇交易货币，建立离岸人民币债券市场，使人民币成为离岸债券货币，人民币国际化战略支撑体系如图8－1所示。

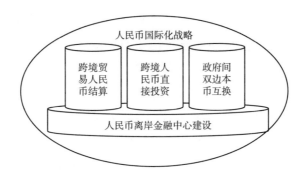

图8-1 人民币国际化战略支撑体系

中国政府选择跨境贸易人民币结算战略、跨境人民币直接投资战略、政府间双边本币互换战略和离岸人民币金融中心建设战略作为支撑人民币国际化战略的四大支柱，具有坚实的制度背景。

（1）对外贸易快速扩张是中国改革开放最显著的成果之一。在跨境贸易人民币结算战略启动的2009年，中国已经连续多年成为全球第二大对外贸易国。中国商务部的数据显示，2013年中国首次突破4万亿美元的大关，首次超越美国成为全球第一大对外贸易国，2014年，中国的进出口总值更是高达43 030.4亿美元，继续保持全球第一大对外贸易国地位。^① 虽然中国进出口项下早已实施自由结售汇制度，但进出口商基本上仍沿用惯例使用美元、欧元等国际货币进行贸易结算。考虑到采用人民币结算具有规避风险、降低成本等诸多优势，中国政府采用跨境贸易人民币结算战略作为人民币国际化战略的突破口，是历史的必然。

（2）改革开放以来，中国一直是全球最主要的外商直接投资目的国，进入21世纪后，中国又成为对外投资大国之一。中国商务部的数据显示，2014年中国吸引外商直接投资1 195.62亿美元，同比增长1.7%，连续23年居发展中国家首位。伴随中国政府着力推进的"一带一路"倡议的实施，中资企业对外直接投资也呈爆发式增长。2014年中国对外直接投资流量高达1 231.2亿美元，同比增长14.2%，更是2002年的45.6倍。与此同时，2014年中国对

①　资料来源：http：//www.mofcom.gov.cn/。

外直接投资存量也增为历史巅峰的 8 826.4 亿美元，由 2002 年占全球外国直接投资流出存量份额的 0.4% 升至 3.4%，首次迈入全球前十的行列，位居世界第八。[①]

（3）随着综合国力的增强，中国政府已经与世界上绝大多数国家建立了合作伙伴、建设性合作伙伴、全面合作伙伴、战略伙伴、战略合作伙伴等不同层次的合作关系，而且还与俄罗斯、英国、马来西亚等 20 多个国家建立了全面战略合作伙伴关系。由于金融合作是政府间最重要的双边合作之一，通过政府间双边本币互换实现人民币国际化成为必要和可能。

（4）跨境贸易人民币结算战略、跨境人民币直接投资战略启动之后，人民币大量流入国际金融市场，原有的绝大多数国际金融中心纷纷表示出构建离岸人民币金融中心的强烈意愿，这使离岸人民币金融中心的建设同时具备了必要性和可能性。

（二）人民币国际化的战略目标

根据功能和市场的不同，国际货币的表现形态也不同，在当代国际货币体系中，国际货币主要表现形态包括贸易结算货币、国际投资货币、国际储备货币、离岸信贷货币、外汇交易货币和离岸债券货币，人民币国际化战略目标如图 8-2 所示。

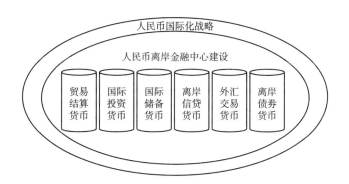

图 8-2　人民币国际化战略目标

① 资料来源：http：//www.mofcom.gov.cn/。

基于中国对外经济金融发展的现实和当代国际货币竞争格局，人民币国际化战略首要目标是使人民币成为全球贸易的结算货币。因为，按照中国近年来对外贸易的总规模和全球份额估算，即使只有部分进出口采用人民币作为结算货币，人民币也能够成为全球最主要的结算货币之一。考虑到中国利用外资和对外投资尤其是对外投资的快速扩张，人民币国际化战略的第二大目标应该是使人民币成为重要的国际投资货币。由于人民币汇率的长期稳定，加上政府间双边本币互换战略的支持，人民币的第三大战略目标应该是使人民币成为国际储备货币。与通过贸易、投资和官方账户的开放实现人民币成为贸易结算货币、国际投资货币和国际储备货币不同，人民币要成为离岸信贷货币、外汇交易货币和离岸债券货币，需要人民币离岸金融市场的政策引导和市场主体的积极参与，人民币离岸金融中心建设战略就是这种市场的培育和拓展的过程。

整体考察，人民币国际化的战略目标有两个层次：首先，人民币国际化战略的实施能够使人民币在不同功能和市场上都进入国际货币体系，并且有持续、快速、稳定的增长；其次，人民币国际化的过程应该是不同功能和市场中人民币国际化的均衡协调发展，而不仅是在一个方面或者其中某几个方面有一定的表现。

第四节　人民币国际化战略演进分析

人民币国际化战略展开以来，无论是在跨境贸易人民币结算、跨境人民币直接投资还是在政府间双边本币互换及人民币离岸金融中心建设中，都得到了快速发展并取得了较好成绩。

（一）跨境贸易人民币结算

跨境贸易人民币结算是指以人民币报关并以人民币进行的进出口贸易结算。2009 年 4 月 8 日国务院常务会议决定，选择上海、广州、深圳、东莞和珠海作为人民币跨境贸易结算试点城市，正式启动跨境贸易人民币结算进程。

2010 年 6 月，跨境贸易人民币结算试点扩大到北京、上海等 20 个省份，2012 年 6 月，跨境贸易人民币结算在全国范围内全面铺开。按照中国人民银行的说法，推出跨境贸易人民币结算的政策目标是加强中国对外经济、贸易和投资往来，促进中国经济更好地融入世界经济，完善人民币汇率形成机制，促进国际货币体系多极化发展，增强中国在国际市场上的金融资源配置能力，加快推进上海国际金融中心建设。王晓雷、刘昊虹（2012）认为政府出台跨境贸易人民币结算政策最重要的目标是启动人民币国际化进程，跨境贸易人民币结算政策的运行现实说明这一判断完全正确。

事实上，跨境贸易人民币结算不仅是人民币国际化战略的突破口，而且是人民币国际化战略中政策效应最显著的制度安排。表 8-1 描述的是跨境贸易人民币结算政策启动以来，跨境贸易人民币结算的规模、全球份额和全球排名的变化情况。表 8-1 显示，跨境贸易人民币结算启动以来不到 7 年的时间内，跨境贸易人民币结算的规模从零起步，快速扩张。中国人民银行提供的数据显示，2010 年跨境贸易人民币结算的规模只有 0.51 万亿元人民币，2015 年上半年就已经到 5.67 万亿元人民币。SWIFT 提供的跨境贸易人民币结算国际比较的数据显示，跨境贸易人民币结算的全球份额已经从 2011 年的 0.29% 上升到 2015 年 8 月的 2.27%，全球排名更是跨越式上升，从 2010 年的第 35 名上升到 2015 年仅次于美元、欧元和英镑的全球第 4 名。

表 8-1　　　　2010~2015 年跨境贸易人民币结算规模与全球份额的变化

项目	2010 年	2011 年	2012 年	2013 年	2014 年	2015 年
人民币（万亿元）	0.51	2.08	2.94	4.63	6.55	5.67
全球份额（%）	—	0.29	0.56	0.84	1.59	2.27
全球排名	35	17	14	12	7	4

注：2015 年结算规模的数据为当年上半年的数据，2015 年全球份额、全球排名的数据为当年 8 月份的数据。

资料来源：环球同业银行金融电讯协会、中国人民银行。

跨境贸易人民币结算规模扩张、份额提高和排名上升的数据说明，中国政府将跨境贸易人民币结算作为人民币国际化战略的突破口是完全正确的，而且我们还认为，贸易结算项下的人民币国际化还仅仅只是一个开始，未来的增长空间将十分巨大，理由有两个：第一，中国进出口贸易的全球份额在2014年为11.29%，①但是人民币结算的全球份额只有2.27%，说明仍然有庞大的中国进出口采用第三方货币进行结算。如果其中的大部分甚至全部采用人民币结算，则跨境贸易人民币结算的规模至少还能扩张5倍，考虑到人民币结算是中国进出口商的最优结算货币选择，中国进出口商主动选择人民币作为结算货币应该是一种趋势，因此，即使不考虑第三方也采用人民币结算，跨境贸易人民币结算也会呈持续快速增长。第二，当前的全球贸易结算货币结构中，美元份额超过45%，而美国进出口贸易的全球份额只有10.59%，说明全球贸易中，美元是庞大的第三方贸易结算货币。我们有理由认为，随着人民币国际竞争力的增强，也会有部分第三方的进出口贸易采用人民币作为结算货币，如若这样，人民币贸易结算的全球份额增长空间还会更大。

（二）跨境人民币直接投资

跨境人民币直接投资由两部分组成：一是境内企业人民币对外直接投资，指中资企业将人民币作为投资货币，通过新设、并购、参股等方式在境外设立或取得企业或项目全部或部分所有权、控制权或经营管理权等权益的行为；二是境外企业人民币对内直接投资，指境外投资者以合法获得的境外人民币来华开展新设企业、增资、参股或并购境内企业等外商直接投资活动。2011年1月，中国人民银行发布《境外直接投资人民币结算试点管理办法》，同年10月，中国人民银行发布《外商直接投资人民币结算业务管理办法》，正式启动投资项下人民币国际化的进程。启动境内企业人民币对外直接投资可以满足企业境外投资的需求，支持企业"走出去"战略的实施。启动境外企业人民币对内直接投资可以提高人民币的国际地位，为离岸人民币使用提供新的渠道，有利于人民币的国际化进程。

表8-2描述的是2010~2015年人民币跨境直接投资的变化情况。表8-2的数据显示，自跨境人民币直接投资政策出台以来，无论是境内企业对外人民币直接投资，还是境外企业对内人民币直接投资，都取得了显著进展。中

---

① 资料来源：https://www.wto.org/。

国人民银行的数据显示，2010 年人民币跨境直接投资总计只有 701.7 亿元人民币，而 2015 年上半年就已经达到 23 000 亿元人民币，我们有理由相信 2015 年全年人民币跨境直接投资达到 50 000 亿元人民币，这一数据是 2010 年的 7 倍。结构分析显示，境外企业人民币对内直接投资的总规模远远大于境内企业对外人民币投资的总规模，说明境外企业人民币对内投资是境外人民币回流的一个重要渠道。但是我们预计，随着人民币国际化程度的提高和人民币境外可接受性的增强，境内企业人民币对外直接投资在未来也会快速增长，在可以预期的将来，其规模会超过境外企业人民币对内投资。

表 8 - 2　　　　　　　**2010 ～ 2015 年人民币跨境直接投资的变化**　　　单位：亿元

项目	2010 年	2011 年	2012 年	2013 年	2014 年	2015 年
对外直接投资	—	201.5	304.4	856.1	1 865.6	—
外商直接投资	—	907.2	2 535.8	4 481.3	8 620.2	—
总计	701.7	1 108.7	2 840.2	5 337.4	10 485.8	23 000

注：2015 年的数据为当年上半年的数据。
资料来源：中国人民银行。

　　境内企业人民币对外直接投资和境外企业人民币对内直接投资的数据都显示，跨境人民币直接投资战略已经取得显著成就。但我们有理由认为，跨境人民币直接投资还仅仅是一个开始，未来还存在一个巨大的发展空间，主要理由有三点。第一，随着中国经济持续快速增长，中国已经由一个资本输入大国转型成资本输出大国。中国商务部的数据显示，2014 年，境外企业的对内直接投资达 1 195.6 亿美元，其中，人民币对内直接投资的份额为 56.57%；境内企业对外直接投资达 1 028.9 亿美元，而其中人民币对外直接投资的份额仅为 16.03%。[①] 数据说明，境内企业对外人民币投资的比例仍然偏低，我们有理由预期，这一比例在未来有望快速提高。第二，随着"一带一路"倡议的实施，中国与"一带一路"沿线国家的经济金融联系将进一步加强，境内企业对沿线国家的人民币直接投资会进一步增长。第三，迄今为止，境内企业人民币对外投资主要是一些民营企业，单向投资规模普遍偏小，

---

　　① 资料来源：http://www.mofcom.gov.cn/。

未来的投资企业将转变为高铁、核电、通信等国内产能过剩、但又具有全球竞争力的大型企业，单向投资的人民币规模会显著扩张。

（三）政府间双边本币互换

政府间双边本币互换是指一国（地区）的货币当局与另一国（地区）的货币当局签订协议，约定在一定条件下，任何一方可以一定数量的本币交换等值的对方货币，到期后双方换回本币，资金使用方同时支付相应利息的行为。2009 年之前，中国人民银行与其他国家（地区）货币当局签订的货币互换协议称为政府间双边货币互换协议，协议金额主要是美元。2009 年之后，中国人民银行与其他国家（地区）货币当局签署的协议才称为双边本币互换协议。双边本币互换旨在通过协议国家的本币互换相互提供短期流动性支持，为本国商业银行在对方分支机构提供融资便利，并可促进双边贸易发展。中国政府的双边本币互换可为离岸人民币市场的发展提供流动性支持，促进当地人民币资产交易、资产管理等领域的业务发展，也有利于贸易和投资的便利化。

图 8-3 描述的是 2009 年以来，中国人民银行与境外货币当局签署的双边本币互换协议余额的变化情况。由图可知，2009 年中国政府间本币互换协议余额还只有 1 900 亿元人民币，到 2015 年 6 月已经增加到 31 132 亿元人民币，增长了 15.39 倍，显示出持续快速增长的特征。目前已经有白俄罗斯、印度尼西亚、阿根廷、冰岛、新西兰、乌兹别克斯坦、哈萨克斯坦、韩国、中国香港地区、泰国、巴基斯坦、阿拉伯联合酋长国、马来西亚、土耳其、蒙古国、澳大利亚、乌克兰、新加坡、巴西、英国、匈牙利、阿尔巴尼亚、欧洲央行、瑞士、斯里兰卡、俄罗斯、卡塔尔、加拿大、苏里南共和国、亚美尼亚、南非、塔吉克斯坦和英国等国家和地区与中国人民银行签署了货币互换协议。按照规模排序，排名前三的分别是中国香港地区的 4 000 亿元人民币，韩国的 3 600 亿元人民币，欧洲央行和英国的各 3 500 亿元人民币。进一步的研究显示，政府间双边本币互换协议与中国政府推出的"一带一路"倡议和人民币离岸金融中心建设战略存在密切的联系，几乎所有签署政府间双边本币互换的国家都属于"一带一路"沿线的国家或离岸人民币金融中心的国家，而且人民币离岸金融中心的地位越高，双边本币互换的规模也越大。

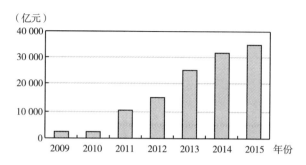

图 8 - 3　政府间双边本币互换规模

资料来源：中国人民银行。

通过政府间双边本币互换流出的人民币大致有两个流向：第一，通过外国中央银行流入当地商业银行体系，形成商业银行信贷资产，再通过外国企业的对华投资或者贸易结算回流中国；第二，直接保留在外国财政部或者中央银行，形成外国政府的官方储备资产。所以政府间双边本币互换政策对于人民币国际化而言具有特殊的作用，这就是可以带来人民币直接进入国际储备范畴。现有数据说明，确实有一部分通过政府间双边本币互换流出的人民币已经成为某些国家的储备货币，不过其规模有限，人民币成为国际储备货币的过程仍然相对漫长。①

（四）人民币离岸金融中心建设

人民币离岸金融中心是指从事离岸人民币存款与贷款、汇兑与交易、贸易结算与融资、债券发行与销售、衍生产品开发与买卖的境外主要金融市场。东南亚金融危机以来，尤其是中国政府启动人民币国际化战略以来，大量的人民币流出国境并滞留在境外法人居民和自然人居民手中，通过金融交易，这些滞留在境外的人民币汇集到中国香港地区、伦敦、新加坡等原有的国际

---

① 国际清算银行的数据显示，2015 年第二季度，全球官方储备中美元的份额为 63.8%，欧元的份额为 20.5%，英镑的份额为 4.7%，日元的份额为 3.8%，加拿大元和澳大利亚元的份额都为 1.9%，瑞士法郎的份额为 0.3%，其他货币的份额为 3.1%。人民币尚没有被国际清算银行作为单一货币，而是包含在其他货币中进行统计，近几年其他货币的份额并没有实质的增长，说明人民币作为国际储备货币的进展缓慢。

金融中心，形成自发的人民币离岸金融中心。例如，2013 年中国香港地区市场的人民币存款余额为 8 605 亿元，2013 年伦敦市场人民币日均交易量为 212 亿元，2013 年新加坡市场人民币狮城债发行 20 亿元。① 然而，自发的人民币离岸金融市场既缺乏中国政府的有效监管，也缺乏金融市场所在国政府的有效监管，属于无序发展状态，不利于人民币国际化战略的深入，也不利于国际金融市场的稳定。

人民币离岸金融中心建设是指中国人民银行代表中国政府与国际金融中心所在国金融监管当局签署有关协议，使得人民币离岸市场从无序到有序，从缺乏监管到有效监管的过程。我们知道，跨境贸易人民币结算、跨境人民币直接投资、政府间双边本币互换等人民币国际化战略都是通过开放某一账户打通人民币流出和回流的渠道，但是，仅有渠道是远远不够的，人民币国际化还需要境外存储、投资和交易的平台，人民币离岸金融中心建设就是构建这种规范、有序并且合法的平台，所以人民币离岸金融中心建设对中国政府而言十分必要。就国际环境考察，自从人民币国际化战略实施以来，全球绝大多数金融中心所在国对开展人民币离岸业务均表现出强烈的兴趣，并就建立人民币离岸金融中心展开激烈的竞争，使得中国政府加快人民币离岸金融中心建设具有可能性。正是因为同时具备必要性和可能性，最近几年，人民币离岸金融中心建设不断出现高潮，比较有代表性的成果包括：2003 年 11 月，中国人民银行与香港金融管理局签署合作备忘录，同年 12 月发布《中国人民银行关于为香港银行办理个人人民币业务提供清算安排的公告》，指定中国银行（香港）有限公司作为香港银行个人人民币业务清算行，启动了香港人民币离岸金融中心建设的进程。2012 年 7 月，中国政府和新加坡政府签署关于加强金融合作的协议，2013 年 2 月，中国人民银行授权中国工商银行新加坡分行担任新加坡人民币业务清算行。2014 年 3 月，中国政府与英国政府签署《关于在伦敦建立人民币清算安排的合作备忘录》，同年 6 月，中国人民银行授权中国建设银行（伦敦）有限公司担任伦敦人民币业务清算行。2014

---

① 资料来源：http：//www.hkma.gov.hk/，http：//www.cityoflondon.gov.uk，http：//www.swift.com/。

年3月29日，中国人民银行与德国联邦银行签署《关于在法兰克福建立人民币清算机制的谅解备忘录》，同年6月，中国人民银行授权中国银行法兰克福分行担任德国人民币业务清算行。2014年7月，中国政府和韩国政府签署《中国人民银行与韩国银行关于在首尔建立人民币清算安排的备忘录》，指定交通银行首尔分行作为韩国人民币业务清算行。实际上，到2015年5月，通过双边协议完成离岸人民币中心建设的市场已经达到15个，涵盖了除纽约和东京以外的所有国际金融中心，具体数据如表8-3所示。

表8-3　　　　　　　　　　　人民币离岸金融中心建设一览

年份	国家和地区
2003	中国香港地区
2004	中国澳门地区
2012	中国台湾地区
2013	新加坡
2014	英国、德国、韩国、法国、卢森堡、卡塔尔、加拿大、澳大利亚
2015	马来西亚、泰国、智利

资料来源：中国人民银行。

虽然建设的时间存在一定的差异，但几乎所有的人民币离岸金融中心都得到了快速的发展。目前，离岸人民币跨境支付前五的市场依次是中国香港地区、英国、新加坡、中国台湾地区、法国，离岸人民币外汇交易前五的市场依次是英国、中国香港地区、美国、法国、新加坡，离岸人民币存款前五的市场依次是中国香港地区、新加坡、中国台湾地区、中国澳门地区、卢森堡，离岸人民币债券交易前五的市场依次是中国香港地区、新加坡、英国、比利时、卢森堡，跨境人民币结算前五的市场依次是中国香港地区、中国澳门地区、法国、德国、新加坡，离岸人民币贸易融资前五的市场依次是中国香港地区、新加坡、德国、澳大利亚、日本。总体考察，中国香港地区、新加坡和伦敦离岸人民币中心发展状况最好。由于政治而非经济的原因，美国政府和日本政府对离岸人民币金融中心建设还没有表现出应有的热情，在现有的前五大国际金融中心里，纽约和东京的离岸人民币金融中心建设仍未完成。不过我们相信，中美、中日达成双边协议，纽约和东京完成离岸人民币金融中心建设的时间不会需要太长。

第五节　人民币国际化发展的非均衡及其调整

自 2009 年人民币国际化战略启动以来，人民币国际化在不同区域和不同形态上都已经取得一定进展，而且，我们有理由相信，人民币国际化进程还会持续加速。但是，人民币国际化进程已经出现显著的非均衡。长期考察，这种非均衡现象的存在会严重阻碍人民币的国际化进程，影响人民币国际化战略目标的实现，而且，这种非均衡并不会自我调整、自我收缩，因此，我们有必要采取措施主动应对。

人民币国际化发展非均衡的第一大表现是区域结构的失衡，即人民币国际化的区域结构与当前国际金融中心竞争格局不匹配。从逻辑上讲，合理的人民币国际化区域结构应该与当代国际金融中心格局相一致，也就是说，重要的国际金融中心人民币国际化出现的时间早一些，程度高一些，次要的国际金融中心人民币国际化出现的时间晚一些，程度低一些。当前，全球最重要的国际金融中心依次是纽约、伦敦、东京、中国香港地区、巴黎、新加坡、法兰克福、上海、华盛顿、悉尼，如果上述逻辑正确，人民币国际化就应该先覆盖纽约、伦敦、东京和中国香港地区，然后再逐步覆盖其他国际金融中心。但是，目前人民币国际化发展的区域结构显然与这种国际金融中心竞争格局极不匹配，人民币国际化发展多集中于中国香港地区、新加坡和伦敦市场，而全球最主要的国际金融中心纽约和东京的人民币国际化基本上还没有起步。我们知道，中国香港地区成为当前人民币离岸金融中心具有政治和地缘的必然性，所以在短期内可以认为是具有历史必然性，但缺乏纽约和东京这样的国际金融中心，人民币的国际化就不可能提高到预期的程度，因此，未来中国政府还是应该通过双边或者多边谈判，撬开纽约和东京这两大国际金融中心，使人民币国际化的区域结构趋于合理和可持续。

人民币国际化发展非均衡的第二大表现是形态结构失衡，即不同形态上的人民币国际化程度相差悬殊。从逻辑上讲，合理的人民币国际化形态结构应该是人民币在贸易结算货币、国际投资货币、国际储备货币、离岸信贷货币、外汇交易货币和离岸债券货币这六大形态上的全球份额大致接近。但是，近几年人民币国际化运行的数据却显示，在这六大形态上，人民币国际化程度差异巨大。SWIFT 的数据显示，人民币已经成为全球第四大贸易结算货币，根据国际货币基金组织的利用外资和对外投资的数据推断，人民币应该已经进入全球前五大国际投资货币。但是国际清算银行的数据却显示，人民币还只是全球第九大外汇交易货币，根据国际清算银行的数据推算，人民币作为国际储备货币的排名应该在全球前十之后。虽然没有准确的数据，不过人民币作为离岸信贷货币和离岸债券货币都还处于起步状态，所以我们有理由估计，这两者在全球的份额都非常低。

导致人民币国际化发展非均衡的原因主要有两个。第一，构成人民币国际化战略支撑体系的人民币国际化细分战略对不同区域和不同形态人民币国际化进程作用深度和广度存在差异。跨境贸易人民币结算战略的实施使人民币在贸易账户下能够自由流出与回流，跨境人民币直接投资战略使人民币在投资账户下可以自由流出与回流，所以人民币国际化在贸易结算货币和国际投资货币两方面发育程度自然就高一些。但政府间双边本币互换战略和人民币离岸金融中心建设战略尚处于逐步展开和逐渐深入阶段，因此，人民币国际化在国际储备货币、离岸信贷货币、外汇交易货币和离岸债券货币等方面的发育程度就自然低一些，也就是说，人民币国际化在某些方面发育程度低主要是因为人民币离岸金融中心建设战略的滞后和人民币离岸金融市场的不健全、不完善。第二，中国主流银行当前的国际化战略不能适应人民币国际化水平持续提升的现实。当前，五大国有商业银行和部分股份制商业银行都实施了企业国际化战略，并取得了一定的成绩。但是这些企业国际化战略中的客户战略、产品战略和职能战略都没有考虑到人民币国际化持续推进的现实，当然也不能适应这一现实，影响了人民币国际化的均衡发展。所以我们认为，在制度层面应该将人民币国际化战略的重心转移到人民币离岸金融中心建设战略，在市场层面应该鼓励和引导主流银行将国际化战略进行转型和升级，使人民币国际化从不对称走向对称、从非均衡走向均衡。

目前中国政府实施的人民币国际化"3＋1"模式中，重心侧重于贸易账户、投资账户和官方账户的开放，打通人民币流出和回流渠道，而离岸人民币金融中心建设进展相对迟缓。我们认为，在人民币国际化战略的初期，这种"3＋1"模式选择是正确的，因为开放三个账户难度较小、效果直接，所以"3＋1"模式能够确保人民币国际化战略有一个良好的开始。然而，正是因为这种"3＋1"模式中离岸人民币中心建设战略的相对滞后，导致人民币国际化发展不对称和非均衡现象的产生，我们又不能让这种不对称与非均衡继续扩大，所以人民币国际化"3＋1"模式的重心应该转移到离岸人民币金融中心建设战略。首先，政府应该充分利用现有的国际协调机制，例如20国集团、亚太经合组织，宣传人民币国际化战略对稳定全球经济金融的作用，争取国际组织对人民币国际化战略的认可和支持；其次，充分利用双边合作机制特别是已经建立的 FTA 机制，通过双边金融合作加快人民币离岸金融中心建设的步伐；最后，通过中美、中日经济金融合作谈判促使美国和日本对中国开放金融市场，尽早让人民币登陆纽约和东京。

由于国际化经验不足，国际化管理水平不高，中国的银行在海外市场就同一产品与国外对手进行竞争具有明显的比较劣势。但是，如果在海外市场竞争的是人民币离岸产品，中国的银行则具有天然优势，人民币国际化战略的实施和人民币国际化水平的提升，可以赋予中国的银行这种优势，因此，人民币国际化战略是中国银行业实施国际化战略、提升国际竞争能力的机遇窗口。对中国银行业目前实施的国际化战略和开展的国际业务进行的分析说明，现有的战略并没有充分考虑人民币国际化战略的实施和人民币国际化水平提升的现实，因此，为了配合人民币国际化战略的实施并分享人民币国际化战略的红利，中国银行业的国际化战略必须转型升级。中国银行业国际化战略的转型应该从以下三个方面入手：第一，客户战略转型。目前，国内银行海外分支机构的客户基本上是对外贸易和对外投资形成的居民和准居民客户，以及部分出国留学、就医和旅游人员，东道国客户基本上没有得到开发。未来国内银行海外分支机构客户战略的重点，应该是积极开发东道国及其金融中心辐射区域内的非居民客户，提升海外客户的忠诚度，促进人民币在境外的流通和使用。第二，产品战略转型。目前，国内银行海外分支机构经营的产品基本上是基于美元、欧元等国际货币开发的传统产品，而人民币离岸产品并不丰富。未来国内银行海外分支机构的产品战略，应该考虑到人民币国际化的现实，基于人民币利率和汇率积极开发离岸人民币基础产品和衍生产品，例如短期、中期、长期离岸人民币信贷产品，固定利率和浮动利率离岸人民币贸易融资产品，离岸人民币利率和汇率远期、掉期产品，不断丰富离岸人民币产品，拓展离岸人民币市场。第三，职能战略转型。目前，国内银行海外分支机构大致上只是一些国际市场金融产品的销售商，未来国内银行海外分支机构应该成为离岸人民币信贷产品的供应商，离岸人民币信托产品的经销商，离岸人民币利率和汇率市场的做市商，离岸人民币衍生产品的开发商，离岸人民币债券的经销商和东道国商事信息的提供者。中国银行业国际化战略的升级应该是由"走出去"升级成"走进去"。国内银行海外分支机构应该主动了解东道国法律法规，尊重东道国风俗习惯和风土人情，积极承担企业的社会责任，主动聘任当地人员，与当地政府和企业建立广泛而且深入的联系，做当地有知名度、有影响力的中国企业。

第六节　本章小结

跨境贸易人民币结算战略、跨境人民币直接投资战略、政府间双边本币互换战略和人民币离岸金融中心建设战略构成了人民币国际化战略的支撑体系。跨境贸易人民币结算战略的目标是通过打通贸易账户下人民币流出与回流渠道实现人民币国际化，跨境人民币直接投资战略的目标是通过打通投资账户下人民币流出与回流渠道实现人民币国际化，政府间双边本币互换战略的目标是通过打通官方账户下人民币流出与回流渠道实现人民币国际化，人民币离岸金融中心建设战略的目标是构建完善、健康、有序、可控的人民币离岸市场，所以人民币国际化战略可以归纳成打通三个市场，构建一个平台的模式，即"3+1"模式。

人民币国际化的过程就是人民币成为贸易结算货币、国际投资货币、国际储备货币、离岸信贷货币、外汇交易货币、离岸债券货币的过程，就目前人民币国际化的现状来看，人民币在贸易结算和国际投资两个方面的进步最为明显，而在其他方面的进展则相对缓慢，发展并不均衡。

我们建议通过强化人民币离岸金融中心建设战略和引导商业银行国际化战略转型两大举措，培育人民币离岸金融市场，丰富人民币离岸金融产品，提高人民币作为国际储备货币、离岸信贷货币、外汇交易货币和离岸债券货币的全球地位，使人民币国际化从非均衡走向均衡。

人民币国际化战略是中国政府在国际、国内经济金融环境均出现了深刻的结构性变化背景下出台的大战略，我们相信随着人民币国际化战略的不断深入，人民币国际化水平还会持续提升，成为能够与美元、欧元抗衡的国际主流货币。

第九章　人民币国际化制度创新：
离岸市场的汇率管理

本章导读：

　　美国对外债务与贸易逆差联动关系的分析表明，美国政府一直在根据贸易逆差主动调控对外债务尤其是政府部门对外债务，以维持国际金融市场美元流动性供给与需求的基本均衡，从而保持美元汇率的相对稳定。美国的经验说明，主动调控对外债务尤其是政府部门对外债务是国际货币发行国稳定汇率最直接有效的措施。自 2009 年启动人民币国际化战略以来，人民币已经初步完成了由国别货币向国际货币的转型，对人民币汇率的管理不能再沿用在岸汇率管理模式。我们建议借鉴美国汇率管理的经验，根据离岸人民币供给主动调控离岸人民币债券，维持离岸市场人民币供给与需求的均衡，稳定人民币汇率。[①]

第一节　引言

　　国际经济学基本原理和国际经济运行现实均表明，如果一国贸易收支长期恶化，或者对外债务持续扩张，则该国货币必然承受贬值压力。如果一国贸易收支恶化与对外债务扩张同时出现，则该国货币汇率通常会断崖式下跌，甚至引发金融危机和经济危机。但是美国却是一个特例。资料显

---

　　①　本章以 1980~2015 年的相关数据为研究样本。

示，美国在 20 世纪 70 年代中期和 80 年代后期贸易收支和国际投资头寸先后由正转负，此后贸易逆差和对外债务都持续且快速扩张，但美元汇率从长期考察并没有由于贸易收支的恶化和对外债务的扩张显著下行，反而呈现相对稳态的运行。

研究显示，美元作为当代全球主要国际货币，美元汇率主要由美国的贸易逆差创造的国际金融市场美元流动性供给和美国对外债务创造的国际金融市场美元流动性需求共同决定。虽然对由市场主导的贸易逆差几乎无能为力，但是对外债务尤其是政府部门对外债务则可完全由政府控制，因此，美国政府可以根据贸易逆差的变化状况调控对外债务的规模，维持国际金融市场美元流动性供给与需求的大致均衡而保持美元汇率的基本稳定。

人民币国际化战略启动以来，人民币已经初步实现由国别货币向国际货币的转型，传统上用于管理在岸汇率的措施不再适用于离岸人民币汇率的管理，美国通过对外债务尤其是政府部门对外债务主动创造美元需求而维持美元汇率相对稳定的做法值得我们借鉴。我们建议，中国政府应该主动从供给侧与需求侧两个方面对离岸人民币市场进行管理，尤其是加快离岸人民币债券市场建设，扩大离岸人民币债券规模，并根据国际金融市场人民币流动性供给状况和离岸人民币汇率运行状况调控离岸人民币债券规模，维持离岸人民币汇率的稳定。

第二节 美国贸易逆差、对外债务、
美元汇率运行长期考察

美国经济在 19 世纪末腾飞后迅速成为全球第一经济大国、贸易顺差大国和对外债权大国。第二次世界大战结束时美国依赖布雷顿森林体系构建的"黄金—美元"本位使美元成为国际货币。20 世纪 50 年代中后期美国贸易顺差急剧下降、对外债权快速收缩，虽然美国政府采取"利息平衡税"和"自愿限制对外贷款计划"等多项措施，但都没有扭转美国贸易收支恶化和对外债权收缩的进程。20 世纪 70 年代中期美国的贸易收支由正转负，20 世纪 80

年代后期美国国际投资头寸由正转负，从此贸易逆差和对外负债成为美国经济运行的常态。

一、美国贸易逆差运行

美国商务部经济分析局的数据显示，1976 年美国首次出现贸易逆差为94.83 亿美元，从此告别了贸易顺差转为持续快速扩张的逆差形态。图 9 - 1 描述的是 1980～2015 年美国贸易逆差的变动状况。图 9 - 1 显示，1984 年美国贸易逆差首次突破 1 000 亿美元，接下来的 14 年一直在 1 000 亿～2 000 亿美元之间运行，此后贸易逆差快速扩张，1998～2000 年和 2003～2006 年形成美国贸易逆差扩张的两个高峰。

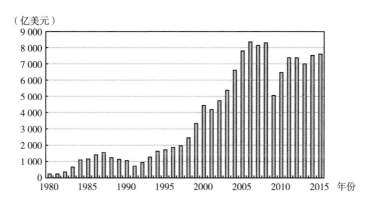

图 9 - 1 1980～2015 年美国贸易逆差

资料来源：美国经济分析局。

国际金融危机后，美国贸易逆差曾经有显著的收缩，但随着美国经济企稳，美国贸易逆差又明显回升。对美国贸易逆差进行长期考察，我们能够发现三个显著特征：第一，持续扩张。在 1981～2015 年的 35 年间，美国贸易逆差收缩的年份只有 8 年，其余 27 年美国贸易逆差都有不同程度的扩张。第二，快速扩张。以 1980 年的贸易逆差为基数，1980～2015 年美国贸易逆差的年均增速高达 10.2%，是同期美国 GDP 年均增速的 3 倍。第三，与经济增长高速相关。对比美国贸易逆差与 GDP 增长率的数据我们能够发现，如果美国经济维持正常增长，美国贸易逆差会保持扩张态势，如果美国经济显著衰退，则美国贸易逆差也会显著收缩。

二、美国对外债务运行

国际货币基金组织（IMF）界定的对外债务有两个维度：第一个维度仅测算一个国家政府部门负有偿付义务的对外债务，称为窄口径对外债务；第二个维度将债务主体拓展到私人部门，称为全口径对外债务。图 9 – 2 描述的是 1980~2015 年美国官方债务和负债账户的变化。

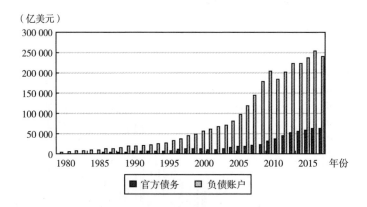

图 9 – 2　1980~2015 年美国对外债务的变化

资料来源：美国财政部、美国经济分析局。

此处采用美国财政部公布的"外国持有美国债券"（简称"官方债务"）作为美国窄口径对外债务，采用美国商务部经济分析局公布的"美国国际投资头寸表负债账户剔除直接投资"（简称"负债账户"）作为美国全口径对外债务进行分析。[①] 图 9 – 2 显示以 1980 年为基数，35 年间美国官方债务和负债账户的年均增速分别高达 11.65% 和 12.1%。对美国国际投资头寸

①　2003 年美国财政部财开始进行全口径对外债务统计，缺乏长期可比性。美国商务部经济分析局公布的美国国际投资头寸表负债账户在剔除直接投资后其内容与全口径对外债务基本一致，且能够保证时间上的连续性和可比性，成为美国全口径对外债务的一个较好替代变量。

表进行的整体分析我们发现，1989 年是美国由国际投资净债权向净债务转变的一个重要时间节点，到 2015 年美国国际投资净债务头寸已经高达 72 806.37 亿美元。[①] 综合美国财政部、商务部的相关数据，我们测算出 2015 年美国的对外负债率为 107.4%，对外债务率为 783.24%，分别是国际公认对外负债率上限标准 10% 的 10.7 倍和对外债务率上限标准 100% 的 7.8 倍。

三、美元汇率运行

国际清算银行（BIS）编制的美元名义有效汇率指数具有长期可比性和权威性，能很好地反映美元汇率的运行态势。图 9 - 3 描述了 1980 ~ 2015 年美元名义有效汇率指数的运行。[②] 图 9 - 3 显示 1980 年以来美元名义有效汇率的运行经历了三轮上升和两轮下降。国际比较显示，1980 年以来虽然美元名义有效汇率存在一定的下降趋势，但美元仍然是当代全球主要国际货币中最为强势和稳定的货币。根据 BIS 的数据，我们计算出美元、欧元、英镑、日元和瑞士法郎五种当代主流国际货币的名义有效汇率均值分别为 120.64、96.33、114.86、70.00、82.55，方差分别为 285.10、296.73、290.67、487.40、325.21。数据显示美元名义有效汇率的均值最高，说明在五种主要国际货币中美元汇率最为强势，美元名义有效汇率的方差最小，说明在五种主要国际货币中美元汇率最为稳定。

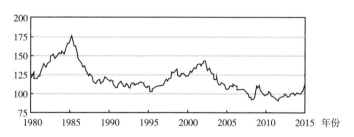

图 9 - 3　1980 ~ 2015 年美元名义有效汇率指数运行

资料来源：国际清算银行。

---

① 资料来源：美国商务部经济分析局国际投资头寸表。
② BIS 编制的世界各国货币名义有效汇率，2010 年为 100。

第三节　美国贸易逆差、对外债务的联动
关系及其对美元汇率的影响

按照传统的国际经济学原理，在贸易逆差和对外债务双重压力之下美元汇率应该贬值，但是现实美元汇率运行却显示出相当的强势和稳定，我们认为，美元汇率运行强势和稳定的主要解释变量是美国对外债务与贸易逆差的联动。

一、美国贸易逆差、对外债务的联动关系分析

作为市场经济国家，美国政府不会对进出口自主性交易施加过多干预，所以虽然美国政府反倾销和反补贴的"双反案件"从未间断，但美国贸易逆差仍然惯性扩张，美国政府不可能根据对外债务的变化来调整贸易逆差，贸易逆差本质上与对外债务的扩张或收缩无关。通过对美国对外债务进行考察，虽然美国私人部门对外债务也由市场主体的自主性交易实现，但是美国政府部门对外债务却是由美国政府控制，为了实现某些预期经济目标，美国政府可以主动控制对外债务的规模和方向。例如，贸易逆差会打压美元汇率，美国政府完全可以主动扩张对外债务规模回流美元，平衡国际金融市场美元流动性供求以稳定美元汇率。

由于美国贸易逆差数据是流量数据，对外债务数据是存量数据，为保证数据的一致性，我们采用对外债务的增量进行分析。我们认为，如果美国政府会根据贸易逆差的变化调整对外债务，则对外债务与贸易逆差的联动关系应该满足两个要求：第一，相关性要求。以贸易逆差作为自变量、以对外债务作为因变量进行相关分析和回归分析能够得出满足统计学解释的回归系数和相关系数。第二，敏感性要求。政府部门对外债务对贸易逆差的反应程度应该高于总债务对贸易逆差的反应程度。

我们以美国贸易逆差为自变量 B，美国对外总债务增量为因变量 Y_D，进

行回归分析和相关分析，得出的回归方程和相关系数分别为：$Y_D = 2.0655B - 1\,083.7$，$R = 0.7133$。我们以美国贸易逆差为自变量 B，美国政府部门对外债务增量为因变量 Y_G，进行回归分析和相关分析，得出的回归方程和相关系数分别为：$Y_G = 1.6665B - 58.371$，$R = 0.8039$。根据统计学基本原理，对外总债务对贸易逆差的相关系数为 0.7133，属于显著相关，政府部门对外债务对贸易逆差的相关系数为 0.8039，属于高度相关，两者都满足相关性要求。上述两个回归系数都为正值，说明美国对外债务与贸易逆差存在正相关。对两个回归系数进行比较，说明美国对外总债务对贸易逆差的回归系数中有 80% 来源于政府部门对外债务的贡献，而且政府部门对外债务对贸易逆差的相关系数高于对外总债务对贸易逆差的相关系数，符合敏感性要求。由于相关性和敏感性要求能同时得到满足，说明美国对外债务与贸易逆差之间存在显著的联动关系。

二、美国对外债务、贸易逆差与美元汇率的长期均衡

1973 年后，英镑、日元、欧元[①]等货币的国际化程度显著提高，但并没有从根本上挑战美元的全球霸权。IMF 和 SWIFT 的相关数据显示，美元仍然是全球第一大货币，2016 年在全球外汇交易、外汇储备、国际支付的占比分别达 87.6%、63.6%、41.4%。美元汇率的稳定性可以从美国贸易逆差、美国对外债务和美元汇率运行的一般均衡变化中寻找答案。

如果美国贸易逆差收缩，则国际金融市场美元流动性供给将会减少，美元汇率上升不符合美国稳定美元汇率的目标，美国政府会收缩对外债务维持国际金融市场美元流动性供求基本平衡，实现美元汇率的基本稳定。反之，如果美国贸易逆差扩张，则国际金融市场美元流动性供给将会增加，美元汇率下降也不符合美国稳定美元汇率的目标，美国政府会扩张对外债务维持国际金融市场美元流动性供求基本平衡，实现美元汇率的基本稳定。

---

① 1999 年欧元诞生之前的名义有效汇率指数由 BIS 根据德国马克、法国法郎、意大利里拉等欧元区货币名义有效汇率指数加权计算得出。

第四节　离岸人民币汇率管理与离岸人民币债券市场建设

2009 年以来中国政府相继启动了跨境贸易人民币结算战略、跨境人民币直接投资战略、离岸人民币金融中心建设战略和政府间双边本币互换，初步构建了与人民币国际化基本匹配的离岸人民币金融市场。在这种"3 + 1"模式的推动下，人民币国际化取得一定进展。但是，2015 年"8 · 11 汇改"人民币单边大幅下行影响了人民币国际化进程，从人民币汇率运行来看，人民币在岸汇率的下行受到离岸人民币汇率的影响，因此，人民币汇率管理的重心应该转移到离岸人民币市场和离岸人民币汇率。

一、离岸人民币汇率管理

由于离岸人民币市场和在岸人民币市场的运行环境、离岸人民币汇率和在岸人民币汇率的生成机理存在巨大差异，因此，传统上通过调节外汇储备账户对在岸人民币市场和在岸人民币汇率行之有效的管理并不适用于离岸人民币市场和离岸人民币汇率。我们认为，离岸人民币市场和离岸人民币汇率的波动，主要成因是离岸市场人民币供给与需求的失衡。因此，对离岸人民币市场和离岸人民币汇率的管理应该从供给侧和需求侧两个方面进行，而且美国的经验说明，对需求侧的管理将更加直接和有效。

离岸市场人民币的供给渠道主要包括跨境贸易人民币进口结算、跨境人民币对外直接投资、政府间双边本币互换账户下的人民币净流出和地下钱庄等非法渠道形成的人民币净流出。从运行过程考察，跨境贸易人民币进口结算形成的人民币流出会绝大部分被跨境贸易人民币出口结算形成的人民币流入冲销，跨境人民币对外直接投资也会绝大部分被跨境人民币外商直接投资冲销，即使这两项出现人民币净流出，也有利于人民币国际化进程。而且跨境贸易人民币结算和跨境人民币直接投资基本上由市场决定，在人民币国际化战略的大背景下，不应对跨境贸易人民币进口结算和跨境人民币对外直接投资进行过多政策干预。外国政府将双边互换的人民币作为国际储备用于购买中国国债或者长期存放离岸人民币市场，不会成为游资冲击人民币汇率，所以也应该给予更多的鼓励。地下钱庄和灰色交易形成的离岸市场人民币供给波动剧烈、方向难控，在离岸人民币外汇市场交易频繁，严重冲击了离岸人民币汇率的稳定。因此，所谓离岸人民币市场供给侧管理的重心就是强化对地下钱庄和灰色交易的监管，加强对两者的常态化打击。从地理分布来看，目前地下钱庄和灰色交易大多集中于广东、浙江、福建等沿海地区，所以中国外汇管理部门应该对这些地区进行重点监控。

离岸市场人民币的需求主要包括跨境贸易人民币出口结算需求、跨境人民币外商直接投资需求、外国政府人民币储备需求、离岸市场人民币信贷需求、离岸市场人民币债券需求和外汇市场人民币交易需求。中国人民银行的数据显示人民币贸易结算货币和国际投资货币职能得到了持续快速的发挥。BIS 的数据显示人民币储备的全球份额微乎其微，甚至可以忽略不计。[①] 离岸市场信贷主要由中资银行海外分支机构提供，但其业务主要是外币信贷，人民币信贷的份额很小。虽然中国政府在香港地区发行过人民币政府债券和公司债券，英国政府在伦敦发行了人民币债券，但总体上看，离岸人民币债券市场并不发达。离岸人民币交易市场包括柜台交易市场和交易所市场，但是对人民币汇率影响更大的交易所市场交易量远少于柜台交易。

离岸人民币汇率持续且大幅下行的根本原因从需求侧来看是有效需求不足。基于离岸人民币市场的需求结构，对离岸人民币市场需求侧管理应该主要从以下五个方面入手：第一，跨境贸易人民币出口结算和跨境外商人民币直接投资构成了离岸人民币最重要的现实需求，在人民币持续贬值的背景下，这两项需求都在显著收缩。因而应该积极提高银行便利，增加税收优惠，鼓励跨境贸易人民币出口结算和跨境外商人民币直接投资需求的扩张。第二，外国政府人民币储备需求目前基本上只是潜在需求，应该通过政府间多边和双边机制，鼓励外国政府扩大人民币储备，使这种潜在需求尽快转化为现实

---

① BIS 的数据显示，2015 年底，美元储备的全球份额为 64.0%，欧元储备的全球份额为 20.3%，英镑储备的全球份额为 4.7%，日元储备的全球份额为 3.8%。

需求。第三，离岸市场信贷中人民币份额很小，因此，中资银行海外分支机构应该积极挖掘离岸人民币信贷客户，扩大离岸人民币信贷需求。第四，鉴于离岸人民币债券市场发育程度偏低的现状，应该培育离岸人民币债券市场主体、构建多层次离岸人民币债券市场、扩大离岸人民币债券市场规模。第五，中资银行海外分支机构除了积极拓展离岸人民币柜台市场，还应该积极参与离岸人民币交易所市场，成为交易所市场的做市商，发挥离岸人民币汇率稳定器的作用。

二、离岸人民币债券市场建设

离岸人民币市场需求管理的重心应该是积极拓展离岸人民币债券市场、增加离岸人民币债券品种、扩大离岸人民币债券需求、稳定离岸人民币汇率。从现实必要性来看，为了稳定新常态下的经济增长，中国政府一直在扩大赤字规模、提高赤字率，2016 年中央财政预算赤字规模已经达到 2.18 万亿元，赤字率也上升到 3%。传统上我国主要采用在国内金融市场发行国债为财政赤字融资，其结果是与企业争夺金融资源，加剧资金紧张态势，如果将国债融资渠道转移到离岸市场，显然能有效改变国内资金市场紧张的局面，稳定经济增长。从理论可行性来看，美国贸易逆差、对外债务与美元汇率长期均衡的经验说明，离岸债券市场是稳定汇率的最有效手段，因此，我们应该积极拓展离岸债券市场，根据离岸市场人民币供给调控离岸人民币债券规模。

我们建议，未来离岸人民币债券市场的建设应该做到债券发行常态化、债券期限短期化、债券市场多极化、债券品种多样化、债券主体多元化。依据财政预算赤字设定离岸人民币债券发行年度计划，并根据离岸人民币汇率运行对离岸人民币债券规模进行适时调整，使离岸人民币债券发行常态化。离岸市场人民币长期债券的发行灵活性差，而离岸市场人民币短期债券灵活性高，能较好地发挥汇率稳定器的职能。美国财政部的数据显示，美国对外债务主要是短期债务，说明美国政府早就了解长期债务和短期债务在稳定汇率上的差异。因此，未来中国政府在离岸市场发行人民币债券应该遵循以短期为主、长期为辅的原则，使离岸人民币债券期限短期化。目前离岸人民币债券市场过度集中在中国香港地区，不利于人民币国际化的均衡发展，未来应该积极拓展新加坡、伦敦、法兰克福、纽约、东京等国际金融中心的离岸人民币债券业务，使离岸人民币债券市场多极化。一个高度发育的离岸人民币债券市场应该包含完整的债券品种体系，未来离岸人民币市场应该建设成公募债券与私募债券、固定利率债券与浮动利率债券、直接债券与可转债券相互补充、共同促进的市场，使离岸人民币债券品种多样化。除了中国中央政府积极在离岸人民币债券市场发行国债之外，还应该鼓励地方政府、中资企业积极利用离岸人民币债券市场进行融资，也应该鼓励外国政府和外资企业进入离岸人民币市场发行人民币债券，使离岸人民币债券主体多元化。

第五节　本章小结

按照国际经济学基本原理，美国贸易收支的持续恶化会形成美元贬值压力，美国对外债务的持续扩张也会形成美元贬值压力。但是在贸易逆差和对外债务的双重冲击下，美元汇率却维持了长期的相对稳态运行，因此，美国贸易逆差、对外债务和美元汇率的长期均衡显然不能由国际经济学基本原理进行解释。

美国贸易逆差、对外债务和美元汇率的长期均衡得以维持的主要原因在于美元的国际货币地位。美国政府一直在根据贸易逆差形成的国际金融市场美元流动性供给主动调控对外债务，自我创造美元需求，维持美元流动性供给与需求的基本平衡和美元汇率的相对稳定。美国的实践说明，作为国际货币发行国，运用对外债务尤其是政府部门对外债务调控国际金融市场货币供给与需求的平衡是维持汇率稳定最直接、最有效的措施。

人民币国际化已经取得显著进展，离岸人民币市场对在岸人民币市场、离岸人民币汇率对在岸人民币汇率的影响日益凸显，人民币已经基本完成由国别货币向国际货币的转型。因此，传统上用于管理在岸汇率的措施不能再适用于离岸人民币汇率的管理。美国通过对外债务尤其是政府部门对外债务主动创造美元需求，维持美元汇率相对稳定的做法值得我们借鉴。

2015 年"8·11 汇改"以来，人民币汇率剧烈波动并且持续下行，说明离岸市场人民币供给与需求已经严重失衡，因此，对离岸人民币市场必须进行供给侧和需求侧双侧管理。我们建议应借鉴美国经验，完善离岸人民币债券市场、扩大离岸人民币债券规模、增加离岸人民币债券品种，根据离岸市场人民币供给主动调控离岸人民币债券，使人民币汇率维持基本稳定。具体而言，应该做到离岸人民币债券发行常态化、离岸人民币债券期限短期化、离岸人民币债券市场多极化、离岸人民币债券品种多样化以及离岸人民币债券主体多元化。

第十章　人民币国际化与市场化的协调：
汇率传导机制突变及其管理

本章导读：

国际化和市场化是国际金融危机以来人民币汇率运行的两大驱动力量，国际化扩大了离岸人民币市场的影响，市场化强化了人民币离岸与在岸市场之间的联系，因此，在国际化和市场化的双核驱动下，人民币汇率传导机制发生了显著变化。邹氏检验表明，"8·11汇改"前后人民币汇率运行发生了结构性突变；格兰杰因果检验显示，"8·11汇改"前后人民币汇率传导路径发生了逆转；脉冲响应分析表明，人民币离岸汇率对在岸汇率的影响在"8·11汇改"后显著增强。

第一节　引言

国际金融危机造成了既有国际货币体系的剧烈动荡，利用这一机遇窗口，中国政府正式启动并不断推进人民币国际化进程。同时，中国政府对人民币汇率形成机制进行改革，不断强化市场在人民币定价过程中的决定性作用。在国际化、市场化双重背景下的人民币汇率形成机制改革，尤其是"8·11汇改"打通了原本相互分割的人民币在岸市场和离岸市场，强化了人民币离岸汇率对在岸汇率的引导作用，使人民币汇率传导机制发生了显著变化。

国际化构建了规模庞大的离岸人民币市场，市场化强化了人民币离岸市场与在岸市场的联动关系，因此，国际化和市场化既是人民币汇率运行的两大驱动力量，也是人民币汇率传导机制变迁的根本原因。本章首先梳理了国际金融危机以来人民币国际化、市场化改革的进程，然后分析了国际化、市场化双重影响下人民币汇率传导机制变迁的基本逻辑，并运用计量分析方法研究了人民币汇率传导机制的突变、质变与量变特征。人民币汇率传导机制的变化对人民币汇率管理提出了新的挑战。基于离岸汇率在当前人民币汇率体系中占有主导地位的事实，我们认为，应该强化人民币离岸市场管理，使人民币汇率既能反映市场供求关系的变化又能维持基本稳定，以实现人民币国际化和市场化的可持续发展。[①]

第二节　国际化进程与人民币离岸市场发展

人民币进入国际金融市场，并且承担贸易结算、对外投资、国际储备、离岸信贷、外汇交易和国际债券等国际货币职能的过程称为人民币国际化。2008 年，国际金融危机爆发，欧美主要国家相继实施超宽松货币政策，通过零利率甚至负利率实现质化宽松，通过基础货币的持续扩张实现量化宽松，造成国际货币体系剧烈动荡，为人民币国际化战略的启动开启了合适的时间窗口。2009 年，跨境贸易人民币结算试点的启动打响了人民币国际化进程的"第一枪"。2011 年，境外直接投资人民币结算试点正式开启。截至目前，人民币在贸易账户、投资账户和官方账户下，已经实现有管理的自由流动，离岸人民币市场建设已取得显著成就，人民币国际化的"3 + 1"模式已经形成。随着人民币国际化进程的加速，中国香港地区、新加坡、伦敦等国际金融市场的离岸人民币存量和流量规模不断扩张，并且形成了较为独立的离岸人民币汇率，对传统的人民币汇率形成机制和运行态势产生了显著影响。

人民币国际化进程可以从四个维度进行考察：第一，跨境贸易人民币结算规模持续扩张。中国人民银行的数据显示，2010 年，跨境贸易人民币结算金额只有 0.51 万亿元，2016 年，跨境贸易人民币结算金额达到 5.23 万亿元，

---

① 本章以 2012 ~ 2016 年数据为研究样本。

也就是说，6 年间，增长了 9 倍多，年均增速高达 47.57%。第二，跨境人民币直接投资规模快速增长。中国人民银行的数据显示，2011 年，包括对内和对外在内的人民币跨境直接投资结算金额只有 0.11 万亿元，2016 年，达到了 2.46 万亿元，5 年间增长了 21.18 倍，年均增速高达 185.87%。第三，政府间双边本币互换规模不断上升。中国人民银行的数据显示，2009 年底，中国政府间双边本币互换余额还只有 1 900 亿元人民币，到 2016 年底，已经扩张至 33 437 亿元人民币，7 年间增长了 16.60 倍，年均增速高达 150.60%。第四，人民币离岸金融中心建设显著加速。截至 2012 年底，中国人民银行还只与中国香港金融管理局、新加坡金融管理局签署合作备忘录，到 2016 年底，中国人民银行已经与 21 个国家或地区的中央银行建立了人民币清算安排，基本完成了多层次、全覆盖离岸人民币中心的框架构建。

人民币国际化对离岸人民币市场有两点显著影响：第一是离岸人民币存量的持续扩张。由于人民币流出和流入规模没有出清，大量人民币沉淀在离岸市场，导致离岸人民币市场规模不断扩大。由于与内地经贸的深度关联和在国际金融市场的特殊地位，中国香港地区一直是全球最大的离岸人民币中心。因此，香港离岸人民币市场存量和流量的变化可以看作是离岸人民币市场发展的一个缩影。万得资讯的数据显示，2004 年末香港人民币存款余额为 121.27 亿元人民币，2009 年末增长至 627.18 亿元人民币，2014 年末出现峰值，达到 10 035.57 亿元人民币，最近两年虽有所回落，但 2016 年末仍然有 5 224.83 亿元人民币。第二是离岸人民币交易市场的不断完善。目前，香港离岸人民币交易市场主要包括两大类，第一类是香港离岸人民币无本金远期交割（NDF）市场；第二类是香港离岸人民币即期交割（CNH）市场。香港离岸 NDF 市场在 2008 年以前交易比较活跃，曾经创造过日成交量超过 100 亿美元的最高纪录。随着人民币国际化战略的推出，人民币在岸和离岸市场之间的渠道互通改变了境外投资者对人民币汇率风险对冲工具的选择，很多原本使用 NDF 的投资者开始选择包括 CNH 远期、掉期在内的多种可以直接使用人民币进行交割的产品，离岸 NDF 市场开始不断萎缩。2011 年 6 月，香港地区成立新的财资市场公会，经人民银行授权后，基于 15 家活跃银行每日上午 11 时的报价发布美元兑人民币离岸即期定盘价报价，即离岸市场人民币即期汇率基准，离岸 CNH 市场正式形成。2014 年以来，人民币汇率由单边升值转为双向波动，香港市场对离岸人民币进行风险管理的需求更加强劲，离岸 CNH 市场的外汇产品种类更加丰富，参与主体不断增加，市场规模持续扩张，国际清算银行的数据显示，2016 年 4 月，香港人民币外汇日均交易金额达到 771 亿美元。由于离岸市场人民币存量和流量的不断增加，离岸人民币汇率对在岸人民币汇率的影响日益增强。

第三节　市场化进程与人民币在岸市场发展

人民币市场化就是人民币汇率形成机制的市场化。历史的回溯显示，人民币汇率形成机制改革能够以 2010 年为分界点划分为两个阶段，2010 年之前的改革虽然确定了人民币汇率形成机制市场化的大方向，但是由于国际金融环境的剧烈动荡，人民币汇率市场化改革进程出现了数度反复，2010 年之后，人民币市场化改革的进程逐步加深，中国外汇市场不断完善与发展，一个与社会主义市场经济相匹配的、由外汇供求主导的、有管理的外汇市场已经基本形成。

1994 年 1 月，国务院对人民币汇率实施并轨，确立了以市场供求为基础的、单一的、有管理的浮动人民币汇率制度，奠定了人民币汇率制度的基本框架。1998 年的东南亚金融危机对国际货币体系造成了严重冲击，因此，中国政府主动暂缓了人民币市场化改革的进程，对人民币实施盯住美元的汇率管理。2005 年 7 月，中国人民银行重启人民币汇率形成机制改革，实行以市场供求为基础、参考一篮子货币进行调节、有管理的浮动汇率制度。与单一盯住美元不同，参考一篮子货币形成的人民币汇率显然更加关注市场外汇供求的变化，更具有弹性。2008 年，国际金融危机爆发，中国政府再度暂缓了人民币市场化改革的进程，人民币重新盯住美元。2010 年，考虑到全球经济逐步复苏，中国政府又一次重启人民币市场化进程，结束了两年来人民币挂钩美元的定价机制，人民币汇率形成机制重新回到市场化轨道。2012 年 4 月 14 日，中国人民银行宣布调整银行间即期外汇市场人民币兑美元交易价浮动幅度，由 0.5% 扩大至 1%，2014 年 3 月 17 日，进一步扩大至 2%。人民币汇率浮动幅度的调升有利于提升人民币汇率双向浮动的弹性，完善人民币汇率的价格发现机制。2015 年 8 月 11 日，中国人民银行发布关于完善人民币兑美元汇率中间价报价的公告，每日银行间外汇市场开盘前，做市商在综合考虑上日银行间外汇市场收盘汇率、外汇供求情况以及国际主要货币汇率变化后，向中国外汇交易中心提供中间价报价。与之前多轮人民币汇率形成机制改革相比较，"8·11 汇改"具有两个显著特点：第一，人民币汇率中间价报价的参考因子发生了重大变化，强调了国际主要货币汇率变化对人民币汇率中间价的影响；第二，主动收窄了人民币汇率中间价与人民币离岸汇率的价差，强化了人民币离岸汇率对人民币汇率中间价的影响，因此，在"8·11 汇改"之后，人民币在岸市场与离岸市场的联动性显著增强。

随着市场化程度持续提升，人民币在岸市场发生了两大变化，第一是在岸市场人民币标价的产品日益丰富。截至 2009 年底，在岸外汇市场直接挂牌的产品仅限于美元、欧元、日元和英镑等主要国际货币以及作为重要区域货币的港元。2010 年之后，中国外汇交易中心公布人民币汇率中间价的货币种类迅速增加，到 2016 年底，总共达到 22 种，在岸市场人民币标价产品的日益丰富在很大程度上便利了境内外投资者的交易需求，降低了交易成本。第二是外汇市场交易主体不断增多。1994 年成立的外汇交易中心参与方仅仅包括国家外汇管理局和少数几家外汇指定银行，此后，不同类型市场的做市商逐渐增加，2017 年 4 月国家外汇管理局公布的银行间外汇市场做市商名单显示，全国一共有 36 家银行具有外汇市场做市资格，外汇市场参与广泛程度大大提升，使得人民币汇率中间价能够更好地反映外汇市场的供求关系。

第四节　国际化、市场化双重影响下的人民币汇率传导机制变迁

所谓人民币汇率传导机制，是指不同市场形成的人民币汇率之间相互影响及作用的机理。如果没有国际化，就不会形成规模庞大、举足轻重的离岸

人民币市场，如果没有市场化，人民币在岸与离岸汇率就不具备相互影响的客观条件，因此，国际化及市场化是人民币汇率传导机制变迁的前提条件。1996 年之前，虽然人民币汇率制度经历了 1981 年的双轨制和 1994 年的汇率并轨，但是境外并没有形成统一且具有一定规模的人民币交易市场，所以也就没有形成有影响力的人民币离岸汇率，而且在岸市场人民币汇率的市场化程度有限，在相当长的一段时间内，人民币汇率完全由官方主导。1996 年，中国香港地区和新加坡两地先后推出离岸人民币 NDF 交易，但是因为受到在岸市场人民币汇率管制和资本有条件开放以及离岸市场交易规模和交易机制的约束，直到 2010 年的汇率改革之前，人民币在岸汇率与离岸汇率之间都没有形成明确的传导机制。修晶、周颖（2013）的研究显示，2009 年 7 月之前，人民币在岸与离岸汇率之间波动的相关系数较低且不存在明显规律，2009 年 7 月至 2010 年 7 月，为了避免国际金融危机的冲击，人民币盯住美元不再升值，在岸与离岸汇率的相关系数降为 0。任倩（2015）的研究对这种现象进行了解释，当离岸市场价格由供求决定，而在岸市场仍存在一定程度的汇率管制时，在两个市场的同一资产会有两种价格决定机制，最终会导致境内外外汇需求无法在短时间内实现完全出清，单边升值或贬值预期相对较长时间存在。2009 年 7 月，中国政府通过跨境贸易人民币结算试点启动人民币国际化战略，离岸市场人民币存量和流量迅速扩张，2010 年 7 月，中国香港离岸 CNH 市场正式形成且不断发展壮大，同时，在岸人民币市场重启市场化改革进程，所以 2010 年 7 月之后的人民币汇率运行受到人民币国际化和市场化的双重影响，在岸与离岸汇率之间波动的相关系数显著增强，境内外市场融合程度不断提高（修晶、周颖，2013）。刘雅梅（2012）的研究显示，在 2010~2012 年，在岸与离岸人民币市场之间的相互影响逐渐增强，但两个市场在价格发现功能上存在一定结构性差异，在岸市场和离岸市场分别在中期和长期价格发现方面具有主导地位。刘辉（2014）的实证分析表明，在离岸 CNH 市场建立之前，在岸市场与离岸 NDF 市场之间的联动性并不显著，在离岸 CNH 市场建立之后，在岸市场、离岸 CNH 市场与离岸 NDF 市场之间均存在比较明显的相互影响。2014 年 3 月，随着人民币兑美元交易价浮动幅度进一步扩大，人民币汇率传导机制发生了进一步的变化，阙澄宇、马斌（2015）

的研究显示，随着人民币国际化、市场化进程的不断推进，资本可以通过贸易账户或者投资账户等渠道在离岸和在岸市场之间流动，加上人民币汇率弹性的不断增大，两个市场的相互渗透日益加深，离岸市场对在岸市场的影响更加显著，除了即期汇率市场，其他各交易期限市场均表现出离岸汇率引导在岸汇率的特征。杨洋、殷凤（2016）的实证研究也显示，在岸人民币即期、远期汇率市场分别和离岸人民币即期汇率市场存在双向均值溢出效应。2015年"8·11汇改"的实质是，强化了人民币汇率中间价对国际金融市场汇率变化的反映程度，因此，"8·11汇改"前后人民币汇率的传导机制应该在质和量两个方面都发生了根本性的变化，本章拟对汇改前后人民币汇率传导机制的变化进行定性以及定量研究。

一、数据描述与研究假设

为了探讨"8·11汇改"前后人民币离岸汇率与在岸汇率之间的传导机制变迁，本章共选取了三个在岸和离岸人民币市场的主导汇率作为研究变量，体现官方意志的、由中国外汇交易中心发布的人民币汇率中间价（CPY）、由在岸市场外汇供求关系决定的、以中国银行美元卖价代表的在岸人民币即期汇率（CNY）和由离岸市场人民币供求决定的、香港财资市场公会发布的离岸人民币即期汇率（CNH），所有汇率数据均为美元兑人民币汇率。样本区间为2012年5月2日至2017年3月10日，除去因节假日数据缺失和三种汇率间交易日不匹配的样本，最终得到1183个日数据，全部来自Wind资讯数据库，本章使用STATA13.0作为计量软件。

图10-1描绘的是2012年5月2日至2017年3月10日CPY、CNY和CNH三种汇率的走势。可以看出，在这之间，人民币汇率的运行大致可以分成三个阶段，即2012年5月2日至2014年3月16日之间的单边升值，2014年3月17日到2015年8月10日之间的小幅双边波动，2015年8月11日之后的波动性下行。

根据图10-1进行直观判断，我们能够发现，"8·11汇改"前后人民币汇率的运行存在显著差异，具体表现在：第一，汇率波动幅度显著扩大。以

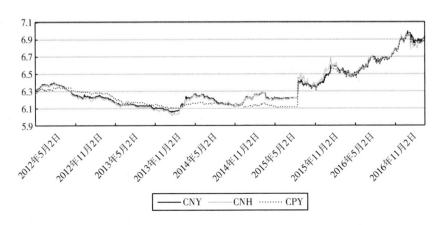

图 10-1 CNY、CNH 和 CPY 的汇率运行

资料来源：Wind 数据库。

CNY 为例，在 2014 年 3 月 17 日至 2015 年 8 月 10 之间，没有任何一个交易日人民币的升贬值幅度超过 500 个基点，单日升贬值幅度超过 200 个基点的交易日有 10 个，单日升贬值幅度超过 100 个基点的交易日有 53 个，单日最大升值幅度为 350 个基点，单日最大贬值幅度为 295 个基点，在 2015 年 8 月 11 日至 2017 年 3 月 10 日之间，有 4 个交易日人民币的升贬值幅度超过 500 个基点，有 49 个交易日人民币的升贬值幅度超过 200 个基点，有 139 个交易日人民币的升贬值幅度超过 100 个基点，单日最大升值幅度为 485 个基点，单日最大贬值幅度为 690 个基点。很显然，汇改后，人民币汇率的波动日趋频繁而且剧烈，实际上，CPY 和 CNH 的波动比 CNY 更甚。第二，CPY 与 CNY 之间、CPY 与 CNH 之间的价差显著收缩。在 2014 年 3 月 17 日至 2015 年 8 月 10 日之间，以 CNY 为代表的在岸市场汇率长期低于以 CPY 为代表的官方汇率，最大汇差为 1 347 个基点，平均汇差在 714 个基点左右，以 CNH 为代表的离岸市场汇率同样也长期低于以 CPY 为代表的官方汇率，最大汇差为 1 428 个基点，平均汇差在 659 个基点左右，尤其在 2014 年 12 月至 2015 年 8 月这段时间内，两种汇差都长期维持在 800 个基点上下，在 2015 年 8 月 11 日至 2017 年 3 月 10 日之间，CPY 和 CNY 的平均汇差仅有 167 个基点，CPY 和 CNH 的平均汇差仅有 288 个基点，如果剔除 2015 年 8 月 11 日和 12 日的数据，CPY 和 CNY 的最大汇差仅有 178 个基点，CPY 和 CNH 的最大汇差仅有 620 个基点，这些数据说明，汇改后，官方汇率与市场汇率的长期偏离得到了大幅消除，官方汇率逐步向市场汇率靠拢。

根据前文的分析，我们认为，"8·11 汇改"前后人民币汇率的传导机制应该在质和量两个方面都发生了根本性的变化，为了进一步对这种变化进行计量分析，本章做出如下三个假设。

假设 I：人民币汇率的数据结构在"8·11 汇改"前后发生了突变，我们称其为"突变假设"。

假设 II：人民币汇率的传导路径在"8·11 汇改"前后发生了逆转，我们称其为"质变假设"。

假设 III：人民币离岸汇率对在岸汇率的影响在"8·11 汇改"后显著增强，我们称其为"量变假设"。

二、实证检验

为了研究"8·11 汇改"对人民币汇率传导机制造成的影响，本章将 CPY、CNY 和 CNH 的时间序列划分为两个时间窗口，第一个时间窗口包括 2012 年 5 月 2 日至 2015 年 8 月 10 日构成的汇改前数据，第二个时间窗口包括 2015 年 8 月 11 日至 2017 年 3 月 10 日构成的汇改后数据。本章分别采用邹氏检验、格兰杰因果检验以及脉冲响应分析三类方法对汇改前后人民币汇率传导机制的变化进行定性以及定量研究。

（一）邹氏断点检验

邹氏断点检验可以用于判断数据结构在预先给定的时间点是否发生了突变。由图 10 - 1 可以看出，"8·11 汇改"后，CPY、CNY 和 CNH 的运行态势均发现了显著变化，因此，本章采用邹氏断点检验来验证"8·11 汇改"前后三种汇率是否发生了结构性突变。由于三种汇率的原始时间序列均是非平稳序列，所以本章分别对三种汇率进行了一阶差分处理，得到各个汇率的一阶差分序列 DCPY、DCNY 和 DCNH，即三种汇率的每日变化量，这三列时间序列均通过了 Dicky-Fuller 平稳性检验，为平稳序列。

引入虚拟变量 D，"8·11 汇改"前为 0，"8·11 汇改"后为 1，构建以下三个回归方程进行邹氏断点检验，即：

$$DCNY_t = \beta_{10} + \beta_{11}DCNH_t + \beta_{12}DCPY_t + \beta_{13}D_t + \beta_{14}D_t \times$$
$$DCNH_t + \beta_{15}D_t \times DCPY_t + \varepsilon_t$$

$$DCNH_t = \beta_{20} + \beta_{21}DCNY_t + \beta_{22}DCPY_t + \beta_{23}D_t + \beta_{24}D_t \times$$
$$DCNY_t + \beta_{25}D_t \times DCPY_t + \varepsilon_t$$

$$DCPY_t = \beta_{30} + \beta_{31}DCNH_t + \beta_{32}DCNY_t + \beta_{33}D_t + \beta_{34}D_t \times$$
$$DCNH_t + \beta_{35}D_t \times DCNY_t + \varepsilon_t$$

对虚拟变量项、虚拟变量和解释变量交乘项的系数进行联合显著性检验，检验结果如表 10-1 所示，每个方程的三项系数均在 1% 的显著性水平下通过了 F 检验，即可以认为，DCPY、DCNY 和 DCNH 均在 2015 年 8 月 11 日当天出现了结构性突变，验证了假设 I。

表 10-1　　　　　　　　　　　**邹氏断点检验结果**

被解释变量	F 统计量
DCNY	41.81 ***
DCNH	31.13 ***
DCPY	372.05 ***

注：*** 表示在 1% 的水平下显著。

（二）格兰杰因果检验

对"8·11 汇改"前后三种汇率的每日变化量 DCPY、DCNY 和 DCNH 构建两两 VAR 模型，根据 AIC 准则选择最优滞后阶数，如果根据 AIC 准则选择的最优滞后阶数构建的 VAR 模型不能保证扰动项为白噪声，则多增加一阶滞后项，直至可以接受残差无自相关的原假设为止。根据这一原则可以得到，"8·11 汇改"前，DCNY 与 DCNH 的 VAR 模型最优滞后阶数为 12 阶，DCPY 与 DCNH 的 VAR 模型最优滞后阶数为 2 阶，DCNY 与 DCPY 的 VAR 模型最优滞后阶数为 2 阶；"8·11 汇改后"，DCNY 与 DCNH 的 VAR 模型最优滞后阶数为 5 阶，DCPY 与 DCNH 的 VAR 模型最优滞后阶数为 5 阶，DCNY 与 DCPY

的 VAR 模型最优滞后阶数为 4 阶。由于样本容量超过 1 000，故无须进行小样本自由度调整。对各个方程的各阶系数进行联合显著性检验，可以发现，虽然单一方程的某些阶系数不显著，但是作为每组方程的整体，各阶系数均高度显著；再对各个方程进行 LM 自相关检验，结果表明，不能拒绝残差无自相关的原假设；接着再进一步通过特征值检验各个 VAR 系统是否为平稳过程，结果表明，每个 VAR 系统的所有特征值均在单位圆之内，因此，每个 VAR 系统都是稳定的。所以可以进一步考察这三种汇率的每日变化量在"8·11 汇改"前后的格兰杰因果关系，结果如表 10 - 2 所示。

表 10 - 2　　　　　　　　　格兰杰因果检验结果

时间	原假设	卡方统计量	P 值
"8·11 汇改"前	DCNH 不是 DCNY 的原因	574.52	0.000
	DCNY 不是 DCNH 的原因	15.992	0.192
	DCNH 不是 DCPY 的原因	24.006	0.000
	DCPY 不是 DCNH 的原因	1.2782	0.582
	DCPY 不是 DCNY 的原因	57.248	0.000
	DCNY 不是 DCPY 的原因	0.2925	0.864
"8·11 汇改"后	DCNH 不是 DCNY 的原因	339.29	0.000
	DCNY 不是 DCNH 的原因	7.3614	0.195
	DCNH 不是 DCPY 的原因	228.68	0.000
	DCPY 不是 DCNH 的原因	4.8031	0.440
	DCPY 不是 DCNY 的原因	0.4387	0.979
	DCNY 不是 DCPY 的原因	24.465	0.000

分析表 10 - 2 的结果不难发现：在"8·11 汇改"前，CNH 是 CNY 的单向格兰杰原因，且 CNH 是 CPY 的单向格兰杰原因，CPY 是 CNY 的单向格兰杰原因；在"8·11 汇改"后，CNH 依然是 CNY 的单向格兰杰原因，CNH 依然是 CPY 的单向格兰杰原因，但其卡方统计量大幅上升，而 CPY 与 CNY 的关系发生了重大逆转，CPY 不再是 CNY 的单向格兰杰原因，而 CNY 成为 CPY 的单向格兰杰原因。格兰杰因果检验验证了假设 Ⅱ，即"8·11 汇改"前后人民币汇率的传导机制确实发生了质变。

（三）脉冲反应分析

为了进一步研究"8·11汇改"前后人民币汇率的传导机制是否发生了量变，也就是CNH对CNY和CPY的引导作用在"8·11汇改"后是否变得更加显著，本章继续采用VECM模型和脉冲响应函数来进行定量分析，即在CNH的随机误差项上施加一个单位的冲击之后，CNY以及CPY的当前值以及未来值会受到什么样的影响。对三种汇率分别取对数，可以证明汇率的对数序列LNCPY、LNCNY和LNCNH均为一阶单整过程，即序列是同阶单整的，可以进一步进行协整分析。对"8·11汇改"前后的数据分别进行约翰森（Johansen）协整检验并确定协整秩，根据大多数准则（包括AIC）选择最优滞后阶数，再根据约翰森（Johansen）的MLE方法估计该系统的向量误差修正模型（VECM），可以证明，"8·11汇改"前后的两个VECM系统均是稳定的，满足残差无自相关假定。以LNCNH作为冲击变量，LNCNY和LNCPY分别作为响应变量，可以得到正交化的脉冲响应函数，如图10-2、图10-3所示。

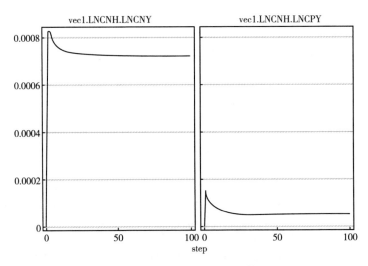

图10-2　脉冲反应（汇改前）

图10-2显示，在"8·11汇改"前，CNY和CPY对CNH的冲击反应都是先迅速增大至峰值，然后回落至较低的稳定水平，但是CNH对CNY的冲击

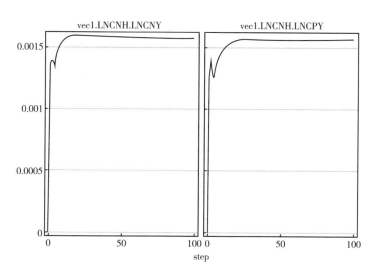

图 10 – 3 脉冲反应（汇改后）

影响远远大于 CNH 对 CPY 的冲击影响，前者稳定在 0.00073 左右，而后者的稳定状态仅有 0.00015 左右。图 10 – 3 显示，在"8·11 汇改"后，CNY 和 CPY 对 CNH 的冲击反应都是在迅速增大至一个较高水平后，短暂、小幅回落，然后继续增大至最高值并保持稳定，CNH 对 CNY 和 CPY 的冲击影响几乎是完全一样的，都稳定在 0.0016 左右，也就是说，与"8·11 汇改"前相比，CNH 对 CNY 的影响增大了一倍多，而 CNH 对 CPY 的影响增大了 9 倍多。因此，脉冲响应分析的结果验证了假设Ⅲ，即 CNH 对 CNY 和 CPY 的引导作用在"8·11 汇改"后确实变得更加显著了，换句话说，人民币离岸市场对在岸市场的影响力在不断增强，人民币离岸汇率逐渐成为人民币市场价格的主导力量。

第五节　本章小结

在跨境贸易人民币结算、跨境人民币直接投资、政府间双边本币互换和离岸人民币金融中心建设等制度的共同推动下，人民币国际化已经取得显著成就。随着人民币国际化战略的推进，人民币汇率市场已经显著分化为在岸和离岸两个市场，人民币汇率也已经显著分化为在岸和离岸两种汇率。国际金融危机以来，人民币汇率形成机制及市场化改革进程明显加速，人民币中间价形成的规则性和透明度显著提升，人民币汇率双向浮动弹性明显增强，尤其是"8·11汇改"之后，人民币在岸与离岸汇率的联动程度明显增强，汇率价差显著收窄。

国际化构建了规模庞大的离岸人民币市场，市场化强化了人民币离岸市场与在岸市场的联系，在国际化和市场化的双重影响下，"8·11汇改"前后，人民币汇率传导机制发生了突变、质变与量变。研究显示，邹氏检验表明，"8·11汇改"前后人民币汇率运行发生了结构性突变，格兰杰因果检验显示，"8·11汇改"前后人民币汇率传导路径发生了逆转，脉冲响应分析表明，人民币离岸汇率对在岸汇率的影响在"8·11汇改"后显著增强。

在岸人民币汇率取决于在岸市场的外汇供求，而离岸人民币汇率取决于离岸市场人民币供求，人民币在岸市场和离岸市场在市场环境、监管环境和法律环境等方面都存在巨大差异，因此，外汇管理应当充分考虑人民币汇率二元化的客观现实，充分挖掘在岸与离岸市场之间的互动关系，实现两个市场的均衡与协调发展。传统上，人民币的汇率管理主要通过增减外汇储备调控外汇市场供求，通过行政手段干预外汇流入流出规模。基于人民币汇率传导机制的突变、质变和量变特征，传统的外汇管理方式已经不再适用，我们认为，未来的人民币汇率管理应该综合运用价格工具、数量工具、行政工具、财政工具和舆论工具，对人民币汇率实施动态逆周期管理，有效管控人民币汇率预期，使人民币汇率实现双向波动与长期稳定。

第十一章 人民币国际化的新机遇：
全球去美元化浪潮

本章导读：

现阶段国际货币体系运行呈现强势美元周期和去美元化浪潮并存的显著特征。由于受到美联储加息与缩表的双重支撑，美元汇率上升态势明显，并由此引发了部分新兴市场货币危机。为了应对美元霸权以及"美国优先"的反全球化政策取向，全球去美元化浪潮逐步升级，进而可能引发全球货币体系的解构和重构。我们认为，强势美元周期对人民币国际化会形成挑战，但去美元化浪潮对人民币国际化会带来契机。未来的人民币国际化战略应该顺应国际货币体系运行的新特征，弱化强势美元周期对人民币国际化的负向冲击，强化去美元化浪潮对人民币国际化的正向影响，在去美元化浪潮时间窗口关闭之前对人民币国际化战略进行调整，使人民币国际化水平再上新台阶。①

第一节 引言

2018 年 12 月 20 日，美联储公开市场委员会（FOMC）宣布提高联邦基金利率 25 个基点，利率区间升至 2.25% ~ 2.50%，这是自 2015 年底美联储启动加息以来的第九次，也是 2018 年第四次加息。2017 年 10 月，美联储正

---

① 本章以 2000 ~ 2018 年相关数据为研究样本。

式宣布启动缩表进程，最初每月缩表规模为 100 亿美元，之后逐步将缩表的步伐加速至每月 500 亿美元，最终目标是消除量化宽松政策带来的 4.5 万亿美元非常规资产。美联储的缩表和加息，既影响了美元流动性的供给与需求，也改变了国际金融市场的资本流动方向，并由此引发了部分新兴市场货币危机。

历史的回溯显示，每一轮强势美元周期都会强化美元的全球霸权地位，例如，上一轮强势美元周期中就出现了显著的美元化浪潮。然而，完全不同于以往，与本轮强势美元周期同时出现的却是去美元化浪潮。2018 年以来，以脱钩美元清算系统、减持美国国债、降低美元储备、减少美元结算为特征的去美元化浪潮正在不断升级。

强势美元周期对人民币国际化已经形成显著冲击，但去美元化浪潮对人民币国际化带来的正向影响也不断显现。自 2009 年启动人民币国际化战略以来，人民币国际化已经取得显著进展。我们认为，人民币国际化应该充分考虑国际货币体系运行的新特征、适度强化人民币逆周期监管、有效推进双边本币互换进程、积极培育中国进出口商结算货币的主导能力、全力加速跨境人民币清算系统升级、充分利用"一带一路"契机、持续扩大人民币离岸债券市场和全面提升银行业国际化水平，以弱化强势美元周期对人民币国际化的负向冲击，强化去美元化对人民币国际化的正向影响，维持人民币国际化战略的可持续性。

第二节　美元周期及其全球影响

美元汇率的运行大致可分为两种情形：第一种是美元汇率持续上升，并且长期高位运行，这一阶段通常被定义为强势美元周期；第二种情形是美元汇率持续下降，并且长期低位徘徊，这一阶段通常被定义为弱势美元周期（巴勃罗·德鲁克等，2016）。自从 1944 年布雷顿森林协议确立美元的全球中心货币地位以来，到 21 世纪初的新经济泡沫破裂，美元经历了三轮强势、弱势周期交替。第一轮强势美元周期始于 1945 年。由于美元与黄金挂钩，其他货币与美元挂钩，国际金融市场美元流动性短缺，美元汇率长期在高位徘徊，第一轮强势美元周期大约持续了 20 年。到 20 世纪 60 年代中后期，国际金融市场由"美元荒"逆转为"美元灾"，美元危机持续爆发，尤其是 1971 年尼克松"新经济政策"的冲击之后，第一轮强势美元周期彻底结束。第二轮强势美元周期始于 1980 年的里根政府。在"新自由主义"框架下，里根政府通过不断加息和减税，持续抬升美元汇率。第二轮强势美元周期持续时间较短，1985 年为了收缩贸易逆差，美国政府召集日、德、英、法等国的财长和央行行长，签订广场协议，逼迫日元、英镑、西德马克和法国法郎对美元升值，第二轮强势美元周期就此结束（Pablo Druck，2018）。第三轮强势美元周期始于 1995 年的克林顿政府。为了刺激美国的经济增长和强化美元的霸权地位，克林顿政府采纳财政部部长拉宾的建议，第一次明确提出了强势美元的政策主张，通过抬升基准利率，改善财政收支状况，刺激股市繁荣等政策，使美元汇率长期高位运行（于同申，2003）。2001 年美国新经济泡沫破裂，美元指数冲高回落，第三轮强势美元周期结束。

一、新一轮强势美元周期运行态势

进入 21 世纪以来，美元汇率一度低位运行，2008 年的国际金融危机又进一步强化了美元的弱势，直到 2014 年美联储加息和缩表的预期不断增强，美国经济逐渐复苏，加上欧洲债务危机等外围因素的影响，美元汇率才显现持续的上升态势，进入新一轮强势美元周期（Pablo Druck，2018）。

图 11-1 描述的是 2000~2018 年广义名义美元指数和广义实际美元指数的运行。按照美国联邦储备银行的统计标准，广义名义美元指数和广义实际美元指数均包括 64 种货币，两者的差别在于前者仅根据市场汇率及交易量权重计算，后者则在前者的基础上添加通货膨胀因子，以消除物价水平变动对汇率水平的影响。图 11-1 显示，2002 年 2 月名义美元指数和实际美元指数同时达到峰值，分别为 129.6872 点和 112.8140 点，之后美联储进入降息周期，改变美元的运行轨迹。2008 年金融危机的爆发进一步强化了美元汇率下降的趋势，2008 年 4 月~2009 年 1 月，虽然名义美元指数和实际美元指数都

有一定的回升，但这种回升并没有改变美元下行的趋势，2011年7月名义美元指数和实际美元指数双双探底，分别为94.5475点和80.5195点，相对于2002年2月，分别下降了27.07%和28.63%。

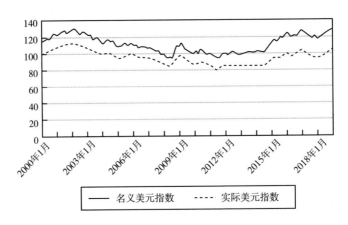

图 11 - 1　广义名义美元指数和实际美元指数

从2011年8月至2014年7月，美元汇率虽然没有进一步下行，但复苏的趋势并不明显。然而，2014年8月开始，美元汇率显著摆脱颓势，持续上行，标志着美元的强势周期再一次到来。以运行周期考察，以2014年8月起算，美元的升值趋势已经维持了超过4年的时间；从增长幅度考察，以2014年8月为基数，截至2018年12月，广义名义美元指数增长了24.86%，广义实际美元指数增长了20.97%，新一轮强势美元周期特征明显。

二、新一轮强势美元周期的成因

虽然新一轮强势美元周期的成因复杂，但起决定性作用的是美国货币政策的改变、宏观经济的复苏和证券市场的繁荣。第一，美国货币政策的改变。为了应对国际金融危机，从2008年开始，美国实施了超级宽松货币政策，持续并且大幅降息、不断增持国债和MBS，使得全球美元流动性泛滥，美元汇率因而显著下行。2014年初开始，美联储开始释放美元加息和缩表的信号，在升值预期驱动下，美元汇率从2014年8月开始触底反弹，2014年10月美联储宣布正式退出量化宽松，2015 年 12 月美联储开始加息，2017 年 10 月宣布启动缩表进程，表明超级宽松货币政策彻底结束。美联储的数据显示，截至 2018 年 9 月底，美国的基础货币为 3.58 万亿美元，较 2014 年 10 月下降了 10.42%。2015 年 12 月至 2018 年 12 月，经过九次加息，联邦基金利率上调至 2.25% ~ 2.50%。美国货币政策的转型既改变了国际金融市场美元流动性的供求平衡，也改变了收益率曲线，是支撑新一轮强势美元周期的货币性原因。第二，美国宏观经济的复苏。国际金融危机中，美国经济曾遭受重创，2008 ~ 2009 年连续两年出现负增长，2009 年更是下降 2.5%，创 1947 年以来的最低。值得注意的是，美国经济复苏态势明显，2014 年美国 GDP 增长率达到 2.5%，之后美国经济在稳定增长、充分就业、温和通胀的良性状态下运行，这成为支撑美元强势周期的宏观经济因素。第三，美国证券市场的繁荣。国际金融危机中，美国证券市场曾经受到严重冲击，2010 年之后，美国股市开始回暖，到 2014 年进入牛市，标普、道琼斯和纳斯达克三大指数显著上升，屡创新高，证券市场的繁荣吸引庞大的美元回流美国，是支撑强势美元周期的金融市场因素。

三、强势美元周期的全球影响

强势美元周期对全球经济已经产生巨大而深远的影响，其中最突出的影响是导致新兴市场货币危机。虽然美元仅是美国的主权货币，但由美元引发的问题往往是全球性的。历史的经验说明，新兴市场经济体受美元波动的冲击最为显著，本轮强势美元周期中，新兴市场经济体货币已经出现两波剧烈贬值，第一波出现在 2015 年，第二波出现在 2018 年，相比之下，2018 年贬值的范围明显扩大，贬值的幅度也明显加深。数据显示，仅在 2018 年的前 9 个月，阿根廷比索贬值 53.46% 土耳其里拉贬值 36.39%，巴西雷亚尔贬值 17.86%，俄罗斯卢布贬值 16.07%，南非兰特贬值 12.86%，印度卢比贬值 12.19%，印尼盾贬值 9.86%，这些货币的汇率要不创造了历史最大贬值纪录，要不创造历史最低纪录，实质上已经陷入危机或者准危机状态。然而，它们的贬值幅度还不是最大的，2018 年 1 月 2 日，只要 9.9750 委内瑞拉玻利瓦尔就可以兑换 1 美元，到 2018 年 8 月 18 日，需要 248 209 委内瑞拉玻利瓦尔才能兑换 1 美元，与其相似的还有伊朗。由于汇市崩盘，委内瑞拉政府和伊朗政府都不得不先后在 2018 年 8 月关闭外汇交易市场，停止外汇交易。新兴市场货币危机部分是由于美国的经济制裁，例如伊朗、俄罗斯、土耳其，更多的是由于经济过分脆弱，不能承受强势美元周期引发的国际资本回流美国形成的冲击。就目前的情况来看，新兴市场货币危机还基本上呈现散点状爆发，如果传染成区域性货币危机，其严重程度很可能不亚于 1998 年的东南亚货币危机。

在当前的外汇市场架构中，人民币对美元双边汇率主要由人民币汇率中间价、在岸价和离岸价构成，并且由中间价约束在岸价、影响离岸价的波动区间。历史数据显示，2000～2005 年人民币单一盯住美元，所以人民币对美元双边汇率几乎没有变动。自 2005 年 7 月 21 日起，中国人民银行宣布对人民币汇率形成机制实施改革，核心内容包括两点：一是不再单一盯住美元，而是参考一篮子货币；二是扩大汇率浮动区间。此后，人民币开始了长达 10 年的升值周期。进入强势美元周期之后，人民币对美元双边汇率的变化出现了两个新的特点：一是改变了长期的升值态势，区间内人民币对美元经历了先贬值，后升值，再贬值的过程，双向波动明显；二是波动幅度明显加大，区间内有多个交易日人民币的升值贬值超过 500 个基点甚至 1 000 个基点，而且每一轮升值和贬值的总幅度都超过 10%，在历史上还从来没有出现过。显然，强势美元周期对人民币汇率的运行也产生了显著影响。

对于未来美元的走势，我们比较认同国际知名投资机构摩根士丹利在《2019 全球宏观展望报告》做出的判断。报告指出 2018 年美元强势的主要原因在于美国经济超预期增长、减税政策刺激和国际资本流入等多重因素的影响，虽然 2018 年大量资金流入美国，导致美元上升，但这些资金多为"低质量"资金，很容易发生流向逆转。从长期来看，国际金融市场对美元资产的需求并不高。报告中还指出目前美元约被高估了 10%～15%，随着 2019 年美国政策刺激效应减弱，利率上升，融资成本上升，美元升值不可持续。事实上，2018 年末，美国股市显著下行，已经呈现技术性熊市态势，美国长期国债和短期国债的息差显著收缩，也预示着未来美元继续走强的可能性减弱。

第三节　去美元化浪潮及其对美元国际地位的影响

在当代国际货币体系中，美元处于中心货币地位，是最重要的官方储备货币、贸易结算货币、商品计价货币、国际投资货币、外汇交易货币、欧洲债券货币、离岸信贷货币。如果美元的国际地位增强，甚至出现美元对主权国家本币的替代，这一过程被称为美元化。反之，如果美元的国际地位下降，其国际货币职能被其他货币取代，这一过程被称为去美元化。

历史的回溯显示，美元化往往与强势美元周期同时出现。其基本逻辑在于强势美元诱发国际金融市场货币动荡，并进一步演进为国际金融危机，小国弱势货币大幅贬值，形成美元化浪潮。不过，与以往不同，本轮强势美元周期中，出现的并不是美元化而是去美元化，而且持续升级，已经形成以脱钩美元清算系统、减持美国国债、降低美元储备、减少美元结算为特征的去美元化浪潮。

一、去美元化浪潮的四大特征

（一）脱钩美元清算系统

长期以来，以 SWIFT 为代表的美元清算系统为全世界的清算结算提供了便利，但近年来，SWIFT 已经成为美国政府对其他国家进行金融制裁的工具，脱钩美元清算系统和建立新的清算系统成为本次去美元化浪潮最显著的特征。2018 年 10 月，俄罗斯央行宣布，外国银行将很快可以进入俄罗斯的金融信息传输系统（SPFS），希望以此来替代 SWIFT，从而减少对美元的依赖和降低因美国制裁受到的影响。2018 年 10 月，印度和伊朗签订石油贸易订单，宣布采用不同的支付系统，用印度卢比进行石油进口贸易结算，摆脱美国的"长臂"管辖。不仅是发展中国家，发达国家也有脱钩美元清算系统的计划。2018 年 12 月，欧盟委员会发布《朝着欧元更强国际化地位前行》的倡议，旨在进一步强化欧元国际地位。值得注意的是，欧盟的去美元化并不只是停留在倡议层面，一套完全脱离 SWIFT，以欧元作为清算货币的支付系统（special pur-pose vehicle，SPV）已经正式命名，并将正式启动。

（二）减持美国国债

长期以来，新兴市场国家国际储备绝大部分都是外汇储备，而外汇储备又以美国国债为主。2018 年以来，许多新兴市场国家以减持美国国债为主要手段对外汇储备的结构进行了积极调整，减持美国国债成为新一轮去美元化浪潮的又一大特征。美国财政部的数据显示，2018 年 3 月至 5 月，俄罗斯共抛售了 800 多亿美元的美国国债，持有量从 961 亿美元减至 149 亿美元，减幅高达 84%，已经退出美国国债主要债权人名单。同期，中国、印度也出现了一定程度的减持。减持美国国债不仅是新兴市场国家的举措，部分发达国家也开始有所行动。从 20 世纪 70 年代开始，日本一直是美国国债最大的海外债权国，从 2015 年开始，日本政府也在持续减持美国国债，而且减持的速度显著加快。2015 年初，日本政府持有的美国国债总值 1.24 万亿美元，到 2018 年 8 月累计减持 0.19 万亿美元，减持幅度也达到 15.3%。

（三）降低美元储备

在国际收支平衡表中，一个国家的国际储备主要由外汇储备、黄金储备、在 IMF 的储备头寸和特别提款权四个部分组成，其中，在 IMF 的储备头寸和特别提款权占比较低，变动较小，所以对国际储备的分析一般关注外汇储备和黄金储备的被动。长期以来，除美国以外，世界各国的国际储备基本上都以外汇储备，尤其是美元储备为主。但是近几年，部分国家开始降低美元储备份额，用黄金储备或其他国际货币替代美元储备，降低美元储备成为新一轮去美元化浪潮的第三大特征。根据世界黄金协会的最新市场报告，2018 年上半年各国央行黄金储备增长了 8%，总计 193.3 吨黄金，是 2015 年上半年以来的最大增幅。[1]根据 IMF

---

① 从各国黄金储备的变动情况来看，增速最快的是匈牙利，2018 年 10 月，仅两周的时间，黄金储备由 3.1 吨激增至 31.5 吨，增幅达 1 000%。而增量最大的是俄罗斯，2000 年俄罗斯的黄金储备还不足 400 吨，经过 40 个月的连续增持之后，截至 2018 年 5 月 1 日，官方黄金储备已达 1 890.8 吨，占俄罗斯央行国际储备的 17.6%，排名全球第六。

统计的数据，2018 年 10 月美元储备的全球占比为 62.25%，比 2017 年下降了
0.47 个百分点。其中，伊朗、俄罗斯和阿根廷这三个国家的外汇储备中，美
元储备几乎为零。

（四）减少美元结算

在既有的国际贸易体系中，美元一直是第一大结算货币，除了美国与他
国的贸易用美元结算，第三方国家之间的贸易也大部分用美元结算。近年来，
由于美国贸易政策、货币政策、政治风险等多重不确定因素的叠加，美元结
算带来的外汇风险不断加大。为降低外汇风险的管理难度，许多国家通过签
订双边或者多边清算协议，改用本币或者是美元以外的其他国际货币作为贸
易结算货币，完成贸易结算。2017 年 12 月 11 日，马来西亚、泰国与印度尼
西亚三国中央银行确立了本币外汇结算框架，决定在三国之间的贸易结算和
直接投资中加强本币的使用，摆脱对美元的依赖。值得注意的是，委内瑞拉、
俄罗斯、土耳其、伊朗等国甚至已经宣布放弃美元进行贸易结算，减少美元
结算成为新一轮去美元化浪潮的第四大特征。

二、去美元化浪潮与美元国际地位的变化

全球去美元化浪潮对美元的国际地位已经产生显著冲击，虽然冲击是全
方位的，但是集中表现在美元储备的全球份额和美元跨境结算的全球份额两
个维度。由于各国降低美元储备和减持美国国债，美元全球储备份额出现下
降趋势；由于各国脱钩美元清算系统和减少美元结算，美元全球结算货币份
额也呈现下降趋势。

布雷顿森林体系确立以后，美元一直是全球第一大官方储备货币，虽然
曾经受到日元和欧元的冲击，美元储备的全球份额波动起伏，但没有根本动
摇美元储备的国际地位，到 2015 年美元储备的全球份额还接近 2/3。如表
11-1 所示，2015 年末，美元储备的全球份额为 65.74%，2016 年末下降到
65.36%，2017 年末进一步下降到 62.72%，2018 年第三季度为 61.94%，已
经连续 6 个季度下降，如果这种趋势继续，在未来的一到两年会进一步降至

60%以下，有可能比21世纪初下降15个百分点。进一步的分析显示，美元储备减少的份额主要被欧元、日元和人民币替代，2016年末欧元、日元和人民币的全球份额分别为19.14%、3.96%和1.07%，到2018年第三季度欧元、日元和人民币这三种货币的全球份额分别增至20.48%、4.98%和1.80%，不到两年的时间里欧元增加了1.34个百分点，日元增加了1.02个百分点，人民币增加了0.73个百分点。

表11-1 　　　　　　　　2008~2018年美元国际地位变动 　　　　　单位:%

	2008年	2009年	2010年	2011年	2012年	2013年	2014年	2015年	2016年	2017年	2018年
国际储备	63.77	62.15	62.24	62.69	61.50	61.27	65.17	65.74	65.36	62.72	61.94
跨境结算	—	—	—	—	33.34	39.52	44.64	43.89	42.09	39.85	39.56

注：国际储备2018年为第三季度数据，跨境结算2018年为11月份数据，其他均为年末数据。
资料来源：国际货币基金组织、环球银行金融电讯协会。

环球银行同业金融电讯协会（Swift）的数据显示，到2015年末，全球贸易中，美元结算的份额为43.89%，此后虽然略有起伏，但总体呈下降趋势，2018年11月降至39.56%，在3年的时间里已经下降了4.33个百分点。随着脱钩美元清算系统和减少美元结算的国家越来越多，我们有理由相信美元结算的全球份额还会继续下降。进一步研究表明，美元全球结算份额的减少也主要被欧元和日元取代，其中，欧元的地位提升最为显著，从2015年的29.39%增至2018年的34.13%，增加了4.74个百分点，日元则从2015年的2.78%上升到3.55%，仅增加了0.77个百分点。这说明虽然部分进出口方会放弃美元结算，但仍然偏好传统的国际货币如欧元和日元作为替代。

历史的回溯显示，美元的国际地位与美元汇率的走势显著正相关，在美元汇率上升的时候，美元的国际地位会持续增强，在美元汇率下降的时候，美元的国际地位也会持续降低。然而，与新一轮去美元化浪潮相伴随的并不是弱势美元周期，而是强势美元周期，显然这一现象与历史相悖。我们认为，造成美元国际地位与美元汇率运行背离的根本原因在于特朗普政府实施的"美国优先"政策。在"美国优先"政策下，美国不但实施强硬的贸易与投资保护主义，而且实施普遍的贸易与金融制裁，严重冲击既有的国际金融和国际贸易体系，强硬的贸易和投资保护主义削减了国际金融市场美元流动性的供给与需求，普遍的贸易和金融制裁严重削弱了美元作为国际储备货币的安全性，透支了美元的国际信誉。"美国优先"使其他国家笼罩在被"武器化"的美元阴影之下，为了摆脱美国的金融制裁，去美元化成为必然的选择。

第四节　人民币国际化战略调整

2008 年国际金融危机全面爆发，原有的国际货币体系受到显著冲击，利用国际金融危机提供的时间窗口，中国政府在 2009 年末通过跨境贸易人民币结算正式启动人民币国际化进程。人民币国际化的战略推进主要通过政府账户下的政府间双边本币互换，贸易账户下的跨境贸易结算，投资账户下的跨境人民币直接投资，以及离岸人民币金融中心建设实现（刘昊虹、李石凯，2016）。由于持续的战略推进，人民币国际化已经取得显著成绩，自人民币国际化战略启动以来，人民币国际化已经在跨境贸易结算、央行本币互换、跨境直接投资、RQFII、清算行、人民币跨境清算系统、外汇交易市场等方面都取得了显著的进展（潘功胜，2019）。人民币国际化程度的提高对人民币汇率管理、跨境资本流动管理、离岸金融市场管理提出了一系列新挑战（严佳佳、黎淑珍，2017；朱孟楠、卢熠、闫帅，2017）。基于人民币国际化的现实，我们应该加强人民币离岸市场管理，使人民币汇率既能反映市场供求，又能维持基本稳定，以实现人民币国际化和市场化的可持续发展（胡妍、李石凯，2018）。

人民币国际化战略的启动是基于国际金融危机提供的时间窗口，我们认为，去美元化浪潮也应该是推进人民币国际化进程的第二个时间窗口，且这个窗口是有期限的，我们应该在去美元化时间窗口关闭之前对人民币国际化战略进行调整，弱化强势美元周期对人民币国际化的负向冲击，强化去美元化浪潮对人民币国际化的正向推动，使人民币国际化水平再上新台阶，具体措施包括适度强化人民币逆周期监管、有效推进双边本币互换进程、积极培育中国进出口商结算货币的主导能力、全力加速跨境人民币清算系统升级、充分利用"一带一路"契机、持续扩大人民币离岸债券市场以及全面提升银行业国际化水平。

一、适度强化人民币逆周期监管

国际化和市场化是国际金融危机以来人民币汇率制度安排的两大主题，考察 2015 年 "8·11 汇改" 以来，人民币汇率运行的实践，我们能够发现，汇率监管当局显然优先考虑的是人民币汇率形成机制的市场化，而过度的市场化会产生两个不良结果：第一，会强化人民币升值和贬值预期，扩大人民币的波动区间，不利于人民币汇率的稳定；第二，汇率受离岸市场影响较大，人民币汇率中间价的主导地位被显著弱化，其结果是人民币汇率顺周期波动特征明显。

然而，人民币的市场化与国际化在某些特定时段会相互冲突，如果市场化背景下人民币汇率持续贬值，会显著冲击人民币的国际化。1994 年以来的人民币汇率制度尽管已经过若干次微调，但是有管理的浮动汇率制度安排从来都没有改变。我们认为，基于当前人民币贬值预期高企的现实，外汇管理当局应该重新对人民币汇率进行适度管理。

2015 年 "8·11 汇改" 之后，人民币汇率持续下行，过度的贬值预期使汇率严重偏离人民币合理均衡价格。2017 年 5 月底，中国外汇交易中心在人民币汇率中间价形成机制中引入逆周期因子，有效扭转了持续时间长达 21 个月的人民币贬值预期，使人民币对美元汇率由 6.9 回升到 6.3。从 2018 年 3 月开始，人民币对美元汇率又一直在 6.9 ~ 7.0 运行，而且多次出现破 "7" 趋势，我们认为，7 是一个重要的整数支撑位和心理支撑位，一旦破 7，人民币贬值预期会进一步放大，管理难度会更大。虽然 2018 年 8 月中国外汇交易中心宣布，人民币对美元中间价报价重启 "逆周期因子"，但目前效果并不明显，仅是将人民币兑美元汇率维持在 7 以内，并没有从根本上扭转贬值预期。因此，我们认为有必要加大 "逆周期因子" 的干预力度和干预频率，使人民币长期运行在均衡合理的区间，维持人民币国际化的持续推进。

二、有效推进双边本币互换进程

政府间双边本币互换源于政府间双边货币互换，其作用在于缓解签约国政府的短期融资压力、抑制金融危机的跨境传染、提升国际清偿力以及强化互换货币的国际地位。早期货币互换协议标的货币基本上都是美元，有利于美元全球霸权地位的巩固，所以美元的国际储备地位居高不下。国际金融危机以来，为了避免过度依赖美元，摆脱美国经济波动的影响，大多国家签署双边本币互换协议，由于双边本币互换的标的货币是签约国货币，因此，双边本币互换除了能够实现双边货币互换的职能以外，还有助于签约国货币国际化。

2009 年中国政府启动人民币国际化战略以来，已将双边本币互换作为人民币国际化战略的重要组成部分且成绩显著。中国人民银行 2018 年《人民币国际化报告》显示，截至 2017 年末，中国人民银行先后与 29 个国家或地区央行或货币当局签署双边本币互换协议，总金额达 3.02 万亿元人民币，加上2018 年 11 月与日本签署的 2 000 亿元人民币的双边本币互换协议，目前的存量已经达到 3.22 万亿元人民币。以中国人民银行签署的人民币互换额度会通过两条渠道产生作用：其一是留存签约国中央银行，直接计入其外汇储备；其二是通过签约国央行的再贷款，进入商业银行系统，形成人民币离岸信贷或者实现贸易结算功能。总体而言，双边本币互换有助于人民币国际化的推进。

根据东南亚、中亚和中东欧一些国家政府提供的数据，这些国家的外汇储备结构中人民币储备增长较快，而且相当大一部分来源于与中国人民银行签署的双边本币互换。2016 年 10 月，IMF 正式将人民币纳入 SDR 货币篮子，份额达到 10.92%，但是截至 2018 年第三季度，IMF 官方外汇储备币种构成调查数据显示，人民币在全球储备份额中仅占 1.80%，通过这两组数据的比较说明，人民币全球储备份额还存在巨大的上升空间。我们需要与更多的国家签署双边本币互换协议，扩充双边本币互换规模，延长双边本币互换期限，让双边本币互换更深入更广泛地服务于人民币国际化。

三、积极培育中国进出口商结算货币的主导能力

跨境贸易人民币结算，是人民币国际化战略的第一个突破口。2009 年 4 月 8 日，国务院常务会议正式决定在上海、广州、深圳、珠海、东莞等城市开展跨境贸易人民币结算试点，象征着人民币国际化战略从谋划进入实施阶段。经过近 10 年的不断推进，跨境贸易人民币结算成效显著。中国人民银行的数据显示，2018 年第三季度跨境人民币结算的实收金额为 19 000 亿元人民币，实付金额 18 500 亿元人民币。

但是，跨境人民币结算也存在诸多问题。一是贸易结算规模增长呈现不稳定态势。数据显示，2010 年进出口贸易结算总规模是 5 063.40 亿元人民币，2015 年达到峰值 72 300.00 亿元人民币，5 年年均增速高达 70.19%。然而 2016 年和 2017 年连续两年显著下降，其中，2016 年比 2015 年下降 27.66%，2017 年比 2016 年下降了 16.63%，2018 年前三个季度虽然比 2017 年有所好转，但同比增速也只有 14.86%，远低于 2010～2015 年的年均增速。二是进口人民币结算与出口人民币结算比例失衡。从 2015 年第四季度开始，大多数时间经常项下的跨境人民币进口结算规模大于出口结算规模，呈逆差状态，这与经常项目下贸易盈余的结构相反。三是进出口跨境人民币结算比重仍然偏低。中国人民银行的相关数据显示，2017 年，经常项下人民币跨境收支仅占本外币跨境收支的 14.5%，进出口人民币跨境收支也只有本外币跨境收支比重的 12.65%，这表明进出口人民币结算的比重还比较低。

从理论上讲，跨境贸易人民币结算有助于出口企业规避汇率风险，即在出口的时候锁定利润，在进口的时候锁定成本。因此，中国的进出口企业应该有强烈的采用人民币进行结算的意愿，在人民币汇率显著波动时尤其如此。但是，最近几年，跨境贸易人民币结算的规模和结构的变化都不符合上述逻辑，我们认为，之所以如此，问题的症结不在于中国进出口商选择人民币结算的意愿，而在于中国进出口商选择人民币结算的能力。因此，我们应该有针对性地培育中国进出口商选择人民币作为结算货币的能力。中国是全球第一大原油进口国，也是全球第一大铁矿石进口国，2018 年以人民币计价的石

油期货、铁矿石期货的上市，对于贸易市场的影响是直接的，部分消除了大宗商品领域的跨境人民币结算主要定价领域障碍，未来我们还应该深化有利于进出口贸易人民币计价结算的资本项目配套改革。广州进出口商品交易会和中国国际进口博览会，是中国进出口商的主场，应该积极鼓励中国进出口商在这两大平台发挥主场优势，在进出口结算货币的选择上起主导作用。金融政策在培育中国进出口商选择人民币结算能力上也能有所作为，例如，鼓励中国进出口银行为人民币结算的进出口商提供更多金融便利，鼓励商业银行为人民币贸易结算提供更多的金融创新工具，下调人民币贸易融资的门槛，降低人民币贸易结算的成本。

四、全力加速跨境人民币清算系统升级

长期以来，全球贸易清算主要通过美国主导的 SWIFT 系统实现，脱钩 SWIFT，摆脱美国控制，是本轮去美元化浪潮的重要特征之一，与其他国家相比，中国在这方面先行了一步。2015 年 10 月 8 日，人民币跨境支付系统（CIPS）（一期）成功上线运行，其目标是将 CIPS 打造成为人民币跨境支付"高速公路"，为跨境人民币业务提供清算、结算服务，为人民币国际化提供了必要的硬件支撑。数据显示，截至 2018 年 6 月 30 日，CIPS 直接参与者数量为 31 家，间接参与者为 738 家，覆盖全球 6 大洲，87 个国家和地区。随着业务覆盖面的扩大，以及业务规模的增长，CIPS 作为人民币跨境支付结算主渠道的作用愈加突出。

2018 年 5 月 2 日，CIPS（二期）全面投产，运行时间由 5 天 × 12 小时延长至 5 天 × 24 小时 + 4 小时，实现对全球各时区外汇市场的全覆盖。CIPS（二期）除了能够完成 CIPS（一期）的实时全额客户汇款、金融机构汇款业务之外，还新增了定时净额批量客户汇款，金融市场付款交割（DVP）、人民币对外币同步交收（PVP）及中央对手资金结算（CCP）业务等。作为 CIPS（一期）的升级版，CIPS（二期）应该能够为跨境人民币结算，并进一步为人民币国际化提供系统支撑。

现阶段，我们认为应该尽快使 CIPS（二期）设计框架下的功能落地。一

是降低参与门槛。尽管经过几次扩容，直接参与者仍然只有31家，其他大部分银行都是以间接参与者的角色加入，我们有必要让更多的间接参与者升级为直接参与者。二是拓宽业务品种。在CIP（二期）的设计框架内，能够完成多项人民币结算和交易，但是迄今为止，相当一部分仍然停留在试运行甚至仍然停留在设计阶段，并没有推广或者普及，有必要将CIPS第二期涵盖的所有产品尽快付诸实施。三是降低交易成本。成员银行的客户汇款由全额交易转换成净额交易使交易成本大幅下降，但其他业务的交易成本仍然偏高，既影响了系统效率，又影响了参与者的积极性，有必要进一步优化结算流程，充分实现系统的规模效应和协同效应。

五、充分利用"一带一路"契机

"一带一路"倡议提出近6年以来，我们已经在国际合作、项目合作、经贸合作、金融服务和文化交流五个方面均取得了显著成就：截至2018年底，已有103个国家和国际组织同中国签署118份"一带一路"方面的合作协议；中国已经成为25个"一带一路"沿线国家最大的贸易伙伴，双边贸易累计超过5万亿美元；中国对沿线国家的直接投资超过700亿美元。

就目前的情况来看，在"一带一路"沿线国家加快人民币国际化进程更具天时、地利与人和。首先，去美化浪潮在"一带一路"沿线国家表现最为充分，人民币国际化可以有效填补各国减持美元储备和减少美元结算留下的空间，这是"一带一路"给人民币国际化创造的天时；其次，随着"一带一路"的推进，区域内国家人流、物流、资金流、信息流往来更为频繁，相互依存度持续提升，这是"一带一路"给人民币国际化带来的地利；最后，欧盟、英国和很多亚非国家都在积极增持人民币储备，伦敦、新加坡、法兰克福等"一带一路"的沿线城市正在为争夺离岸人民币金融中心展开竞争，沿线国家的进出口企业也普遍欢迎人民币作为结算货币，这是"一带一路"为人民币国际化带来的人和。

为了使人民币国际化战略与"一带一路"倡议深度融合，在人民币国际化战略安排的次序上，重点优先考虑"一带一路"周边国家和地区，先实现周边化，再实现区域化，最终实现国际化，继续扩大与周边国家或地区的直接投资和贸易，增加人民币结算规模和拓展流通范围，提高沿线国家使用人民币作为结算货币的意愿。具体措施有以下两点：一是基于东南亚国家长期缺乏中心货币的现实和与中国东盟已经建立的"十加一"机制，可将人民币国际化中心放在东南亚地区。推进"21世纪海上丝绸之路"建设，加快中国—东盟自由贸易区升级，可以作为助推人民币国际化的重要选择。二是推动并完善丝路基金和亚投行的建设。丝路基金和亚投行可通过金融支持，引导企业加大对沿线国家和地区的投资，打造分工协作的产业链和经济带，加强沿线国家和地区与我国经济的相互依赖，从而扩大人民币在沿线国家的流通和使用。

六、持续扩大人民币离岸债券市场

目前人民币国际债券主要有三类：一是中国政府或机构在离岸市场发行的以人民币计价的债券，这类债券中，中国香港市场的点心债最具代表性；二是外国政府或机构在中国境内发行的以人民币计价的债券，这类债券统称为熊猫债券；三是外国政府或机构在离岸市场发行的以人民币计价的债券。目前，前两类市场已经形成一定的规模，第三类市场发展相对滞后，比较有代表性的案例是英国政府于2014年10月14日成功发行的、规模为30亿元人民币的首只人民币主权债券。

逻辑上讲，三类人民币国际债券都有利于人民币国际化，但是作用机理有显著差异，第一类人民币国际债券主要功能在于回笼离岸市场人民币存量，平衡离岸市场人民币供求，稳定人民币汇率运行，有助于人民币从结算货币向投资货币的转变；第二类人民币国际债券的主要功能是形成离岸市场人民币供给，满足离岸市场人民币需求，丰富人民币流出的渠道，也有助于人民币由结算货币向储备货币的转变；第三类人民币国际债券的功能是改变离岸人民币的存在方式，改善离岸市场人民币的期限结构，是目前发展相对滞后，但对人民币国际化最具深远影响的债券形态。

基于目前人民币持续贬值并由此显著影响了人民币国际化进程的阶段性

特征，我们认为，应该重点发展第一类人民币国际债券市场，这类市场的发展有两大好处，既可以主动调控离岸市场人民币的供求关系，降低人民币国际化水平对人民币汇率的弹性，又可以缓解融资行为对国内金融市场的冲击，有效补充国内金融市场的流动性供给。由此我们建议应该做到以下三点：一是适度扩大人民币离岸债券规模。根据国际清算银行的数据（折合成美元），2017 年第四季度，2018 年第一、第二季度，人民币国际债券的规模分别为 1 927 亿美元、2 037 亿美元和 2 027 美元，相对于离岸市场庞大的人民币存量，离岸债券市场的发展还有很大的拓展空间。二是健全离岸债券的评级体系。通常情况下，债券的评级与债券利率应该呈负相关关系，分析显示，中国香港人民币债券市场 2 年期的债券评级与利率的负相关关系明显，属于正常情况，但是 3 年期和 5 年期人民币债券的评级结果与债券利率负相关关系并不显著，甚至出现评级越低、债券利率越低的情况，显然不合逻辑，其原因在于 3 年期和 5 年期债券以境内企业债券为主，其中大部分债券缺少国际权威机构的评级或发债主体无评级。因此，应该强化离岸人民币债券市场发债品种和发债主体的评级，理顺离岸市场人民币债券评级与债券利率的关系，维持人民币离岸债券市场的平稳发展。三是完善市场的债券期限结构。目前离岸人民币债券以 2～5 年的中期债券为主，而一年以内的短期债券和 10 年以上的长期债券品种相对匮乏，人民币债券的期限结构明显不合理。我们建议扩大短期债券，尤其是财政部和央行，可以利用短期债券调节人民币离岸市场的供求关系，同时适度增发 10 年期以上的人民币长期债券，促进收益率曲线的形成，为投资者提供更有价值的参照。

七、全面提升银行业国际化水平

一种货币的国际化是其国内职能的向外拓展和延伸，因而对货币职能的发挥起决定性作用，而商业银行在货币国际化的过程中更是不可或缺。历史回溯显示，如果没有巴克莱银行和渣打银行的向外扩张，英镑在 19 世纪难以成为称霸全球的货币；如果没有花旗银行和摩根银行的向外扩张，美元在 20 世纪也不能成为主导全球的货币。同样，人民币的国际化需要中国银行业国际化的配合与支撑。

中国银行业国际化对于促进人民币国际化具有两大天然优势：一是充裕的资金优势。境内充裕的人民币资金池可以为海外金融机构的业务拓展提供强有力的支撑，目前中国工商银行、中国建设银行、中国农业银行和中国银行，无论资本实力，还是资产规模，都位居全球前四，资金优势明显。二是优质的客户资源。对于许多大型的商业银行而言，主要有两类优质的客户资源，一类是优质的境内客户，随着中国经济的增长，这一部分优质的客户有进行全球资产配置的需求；另一类是境外分支机构优质的客户资源，这部分客户长期以来与国内有密切的经济往来，形成主要的海外人民币需求方。商业银行可以充分发挥这两大优势，将两类客户的需求进行对接，进一步推动人民币国际化。

由于中国银行业的国际化起步早于人民币的国际化，所以银行业国际化初始的战略设计并没有将人民币国际化作为特征变量，目前虽然进行了部分调整，但仍不能适应人民币国际化的现实背景。因此，基于人民币国际化这一重大战略安排，银行业国际化在以下三个方面需要进行调整。第一，客户战略转型。客户资源既是银行海外分支机构的核心竞争力，也是经营业绩的重要保证，在银行国际化战略中具有十分重要的地位。目前银行海外分支机构的客户基本局限于双边贸易和投资形成的客户，应该积极开发驻在国本地客户资源，促进人民币在境外的流通使用。第二，产品战略转型。目前，银行海外分支机构经营的主要是美元、欧元标价的金融产品，人民币离岸产品明显不足。基于人民币离岸市场的存量流量考虑，商业银行应该设计不同期限结构和利率结构的离岸人民币信贷产品；基于离岸人民币交易和投资需求，商业银行应该设计人民币利率期货、利率期权、汇率期货、汇率期权及商品期货、商品期权，同时满足离岸市场人民币结算、投资、交易和避险需求。第三，职能战略转型。目前银行海外分支机构职能相对单一，基本上只是充当国际市场金融产品的销售商，未来应该考虑职能多元化，逐渐转变为离岸市场人民币信贷产品的供应商，信托产品的经销商，利率和汇率市场的做市商，衍生产品的开发商和离岸债券的经销商。

第五节　本章小结

2014 年以来随着美联储加息和缩表的预期不断增强，美国经济逐渐复苏，加上欧洲债务危机等外围因素的影响，美元汇率显现持续的上升态势。新一轮强势美元周期对全球经济已经产生巨大而深远的影响，其中最突出的影响是导致新兴市场货币危机。历史的回溯显示，强势美元周期往往会诱发美元化浪潮，然而与以往不同，伴随本轮强势美元周期出现的却是去美元化浪潮。

新一轮去美元化浪潮以脱钩美元清算系统、减持美国国债、降低美元储备份额、减少美元结算为特征。由于各国降低美元储备和减持美国国债，美元全球储备份额出现下降趋势；由于各国脱钩美元清算系统和减少美元结算，美元全球结算货币份额也呈现下降趋势，表明新一轮去美元化浪潮正在重构国际货币体系。

人民币国际化战略之所以会取得一定成效，其重要原因在于中国政府很好地利用了国际金融危机提供的时间窗口，我们认为虽然强势美元周期对人民币国际化会形成挑战，但去美元化浪潮对人民币国际化会带来契机。未来的人民币国际化战略应该顺应国际货币体系运行的新特征，弱化强势美元周期对人民币国际化的负向冲击，强化去美元化浪潮对人民币国际化的正向影响，在去美元化浪潮时间窗口关闭之前使人民币国际化再上新台阶。

我们建议人民币国际化战略应该在以下七个方面做出调整，分别是适度强化人民币逆周期监管、有效推进双边本币互换进程、积极培育中国进出口商结算货币的主导能力、全力加速跨境人民币清算系统升级、充分利用"一带一路"契机、持续扩大人民币离岸债券市场和全面提升银行业国际化水平。

第十二章　美国货币政策的常态化：
缩表与强势美元
周期的形成

本章导读：

规模膨胀和结构恶化是国际金融危机以来美联储资产负债表变化的两大主要特征，为了使资产负债表恢复常态运行，缩表将成为美联储未来相当长时间货币政策的主基调。具体而言，通过缩减资产负债规模使美联储的资产/资本比例、资产/GDP 比例恢复常态，通过降低证券资产，尤其是非常规证券资产的份额，使资产结构恢复常态。美联储缩表对全球经济的影响是广泛而深远的，最重大的影响包括两个方面：一是强化美元加息已经确立的强势美元周期；二是引发国际金融市场美元回流，对全球经济尤其是新兴市场带来巨大冲击。作为最大的新兴经济体，我们应该密切关注美联储缩表对中国经济的影响并及时做出应对。①

第一节　引言

2017 年 2 月 15 日，美联储主席耶伦在国会发表半年度货币政策证词时表示，美联储将在未来数月讨论关于资产负债表规模缩减策略。4 月 5 日美国联邦公开市场委员会（FOMC）公布的货币政策纪要显示，只要经济数据保持强

---

① 本章以 2001～2016 年相关数据为研究样本。

劲，美联储将会在 2017 年晚些时候采取缩表措施。2017 年 6 月 14 日，耶伦再次表示，如果美国经济增长大体符合预期，预计将于 2017 年下半年开始资产负债表的正常化，逐步减少到期证券本金再投资，最终上限为每月缩减 300 亿美元国债和 200 亿美元住房抵押贷款支持证券（MBS）。缩表将采取循序渐进的方式，从最初的 60 亿美元国债和 40 亿美元 MBS 的规模开始，然后按季度逐步加码。

2008 年爆发的国际金融危机对美国经济造成了重大冲击，作为拯救美国经济的主力，美联储不断强化质化宽松和量化宽松货币政策，以降息为主的质化宽松货币政策使美国的联邦基金利率 2008 年 12 月降到 0 ~ 0.25% 的历史最低水平，以增持国债和 MBS 为主的量化宽松货币政策使美联储的资产负债规模不断创历史新高。从逻辑上讲，美联储加息是对国际金融危机以来大幅降息的对冲，美联储缩表也只是对国际金融危机以来资产负债表扩张的对冲，都是美联储货币政策的自我修复。但是，由于美元的霸权地位，美国对货币政策的任何动向，都会显著地影响美国经济及全球经济的运行。

美联储缩表对全球经济的影响将是广泛而深远的，最重大的影响包括两个方面：第一是强化美元加息已经确立的强势美元周期；第二是引发国际金融市场美元流动性回流，对全球经济体尤其是新兴经济体带来巨大冲击。

第二节　美联储缩表与资产规模的常态化

通常意义上，美联储缩表会在资产和负债双侧同时进行，但是从美国联邦公开市场委员会的决议文件来看，缩表的焦点主要集中在资产端的处理方式上，而且从现有文献来看，学者也主要关注美联储资产端的缩减问题（王信，2015；张磊，2014）。我们认为，美联储缩表是对国际金融危机以来美联储资产不断膨胀的对冲，使非常态运行的美联储资产恢复常态运行。

为了便于分析，我们有必要以国际金融危机为时间节点，建立两个时间窗口，把握金融危机之前美联储资产常态运行和金融危机之后美联储资产非常态运行的特征，并对缩表后美联储资产规模的常态化做出判断。图 12 – 1

描述的是 2001~2016 年美联储资产规模的变化，2001 年末，美联储的资产为
6 629 亿美元，到国际金融危机爆发之前的 2007 年末，美联储的资产为 8 938
亿美元，年均增速为 5.11%，变动方向与增长速度都与同一时期美国经济运
行态势基本协调。2008 年美联储实施第一轮量化宽松货币政策，当年美联储
的资产急剧扩张，资产增长 152.71%，达到 22 587 亿美元。在短短的一年时
间内，资产增长了一倍有余，在美联储是史无前例的。美联储资产增速的第
二个峰值出现在 2011 年，当年的资产达到 29 285 亿美元，比 2010 年增长了
20.84%，变化的主要原因是第二轮量化宽松货币政策的实施。2012 年，美联储
推出第三轮量化宽松货币政策，2013 年资产加速攀升至 40 326 亿美元，比 2011
年增长 38.63%，最终于 2014 年末出现第三个峰值，达到 45 095 亿美元的历史
最高位。虽然美联储宣布在 2014 年 12 月停止购买国债和 MBS 债券，即终止量
化宽松货币政策，但由于没有启动缩表程序，美联储的资产一直在高位运行，
到 2016 年末，其资产规模仍高达 44 515 亿美元。也就是说，在 2007~2016 年这
一时间段内，美联储的资产增长了将近 4 倍，年均增速高达 19.53%。

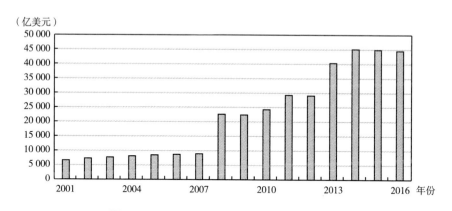

图 12-1　2001~2016 年美联储总资产的变化

资料来源：美国联邦储备银行。

对比金融危机前后美联储资产的变化，我们能够发现在 2001~2007 年这
一时间窗口，美联储的资产规模一直低于 1 万亿美元，而且增速相对平缓，
我们有理由认为，这一时间窗口的资产属于常态运行。但是，在 2008~2016
年这一时间窗口，随着三次量化宽松货币政策的实施，美联储资产连上数级

台阶，年均增量是上一时间窗口年均增量的 10.27 倍，年均增速是上时间窗口的 3.82 倍，很显然属于非常态运行。我们有理由认为，美联储要使资产规模恢复常态运行，必须满足两个条件：一是缩表后资产规模略高于 2007 年的水平；二是缩表完成后资产的增速大致与危机前的年均增速持平。

在微观层面，美联储资产规模是否正常可以通过资产/资本比例来进行判断。美联储并不是政府部门，而是由成员银行出资组建的非营利性私营机构①。美联储资本主要由成员银行认缴的股本组成，相当于商业银行的一级资本，是维持美联储安全稳健运行的核心支柱。美联储的资产是指美联储通过再贴现、再贷款、证券买卖、国际储备及其他一些业务形成的债权，是其作为中央银行执行货币政策的体现。因此，美联储必须将资产/资本比例控制在一个合理的范围，既维护自身的稳健又保证货币政策职能的发挥。巴塞尔协议中，衡量商业银行安全性的最主要指标是资本充足率，从美联储自身的属性上看，这一指标对美联储也大致适用。所以美联储资产的变化应该与美联储资本的变化相一致。

在宏观层面，美联储资产规模是否正常可以通过资产/GDP 比例来进行判断。美联储通过公开市场操作，也就是资产的扩张或收缩，平抑经济周期，维持物价稳定。具体而言，就是在经济衰退、通货紧缩阶段扩张资产，在经济过热和通货膨胀阶段收缩资产。显然，美联储的资产与美国 GDP 之间应该维持一个合适的比例，美联储资产变化更应该与美国经济的变化同步，以维持稳定的通胀水平和美元信用。

图 12 - 2 描述的是 2001 ~ 2016 年美联储资本/资产比例和美联储资产/GDP 比例的变化。图 12 - 2 显示，2001 ~ 2006 年美联储资本/资产比例大致维持在 3% 左右，再将时间序列延长至 20 世纪 90 年代，美联储资本/资产比例

---

① 美联储不能得到美国政府的财政拨款，但要承担庞大的营运开支，还要按 6% 的固定利率给股东支付股息。迄今为止，美联储并没有正式公开股东持股比例，据《美联储的秘密》一书披露，到 1983 年，纽约联储的前三大股东分别是花旗银行、大通曼哈顿、摩根银行，比例分别为 15%、14% 和 9%。当时的花旗银行就是现在的花旗集团，当时的大通曼哈顿和摩根银行已经合并成现在的摩根大通。在 2008 年的金融危机中，获得美联储注资最多的就是花旗银行和摩根大通，因此，美联储向花旗银行和摩根大通注资实际上可以理解成美联储自救。

在绝大多数年份也基本维持在 3% 上下，因此，我们有理由认为 3% 是正常的、合适的水平。

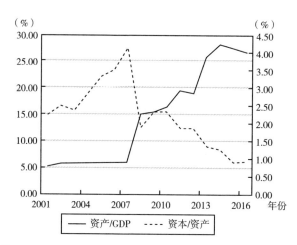

图 12－2　2001～2016 年美联储资本/资产、资产/GDP 比例

资料来源：美国联邦储备银行。

2007 年末，美联储的资产/资本比例一度高攀到 4.15%，主要解释变量是当年美国次贷危机爆发，美联储大幅提高成员银行的资本充足率，不具有代表性[①]。2008 年，金融危机全面爆发，美联储开始第一轮量化宽松货币政策，导致资产继续膨胀，因此，资本/资产比例快速下行，从 2007 年的 4.15% 降至 1.88%。此后几年，美联储的资本虽然一直在持续扩张，但是远远赶不上资产扩张的速度，到 2016 年末，美联储资本/资产比例仅剩 0.91%。用资本/资产比例衡量，目前美联储的资产过度膨胀，缩表势在必行。因此，从微观层面考察，美联储缩表是为了维持自身的稳健性和安全性，缩表是主动的自我修复措施。如果我们前面做出的美联储资本/资产适度比例为 3% 左右是正确的判断，那么美联储缩表的长期目标就是使资本/资产比例恢复到 3% 左右。也就是说，如果在未来的若干年，美联储的资本保持不变，其资产

---

①　2007 年美联储资本/资产比例急剧上升，说明在金融危机初期，美联储首先考虑的也是自身的安全性。此后，美联储资本/资产比例的持续下降一方面是美联储维持金融系统稳定的职责使然；另一方面也是美国政府持续施压所致。

规模应该收缩到 1.40 万亿美元以内。因此，美联储的长期缩表目标应该是在现有水平上收缩 3 万亿美元。

图 12-2 还显示，在 2001~2007 年，美联储资产/GDP 的比例一直维持在 5%~6% 的水平，如果将时间序列进一步展开，从 20 世纪 80 年代开始，这一比例也一直维持在 5%~6% 的区间。我们有理由认为，美联储资产/GDP 比例的合理区间就是在 5%~6%。2008 年骤然升至 15.23%，此后进入了不断上升的通道，2014 年底达到了 28.22% 的峰值，尽管此后两年有所下降，但 2016 年底，仍停留在 26.72% 的高位。美联储的数据还显示，在大萧条时期，美联储资产/GDP 比例也急剧攀升，到 1940 年出现 23.01% 的峰值，值得注意的是，2016 年底，这一比例比 1940 年还要高出 3.71 个百分点。因此，从宏观层面来看，这一现象是不可持续的。美联储缩表有利于经济的长期发展和物价的长期稳定。如果美联储资产/GDP 的适度比例是 6%，那么，按 2016 年末美国 GDP 为 16.66 万亿美元计算，美联储的适度资产规模还不到 1 万亿美元，美联储的缩表规模应该超过 3.40 万亿美元。如果美国经济按年均 2% 的速度增长 5 年，到 2021 年，美国的 GDP 能够达到 18.40 万亿美元，要资产/GDP 比例维持在 6%，美联储的资产也应该收缩至 1.10 万亿美元，美联储的资产也应该收缩超过 3.30 万亿美元。最乐观的估计是，如果美国经济按 2% 的年均增速增长 10 年，美联储的资产应该只有 1.22 万亿美元，按照美联储资产/GDP 比例和资本/资产比例计算，美联储缩表的远期目标都在 3 万亿美元以上。由此可见，美联储缩表的任务十分沉重，而且会持续相当长的时间。

历史回溯显示，美国经济的长期运行具有显著的周期波动特征，国际金融危机以来，美国经济显著衰退，在波谷运行已经多年，按照经济周期理论判断，美国经济未来应该进入复苏阶段，宏观经济运行的数据也说明美国经济复苏的态势明显。2017 年第一季度，美国 ISM 制造业 PMI 和非制造业 PMI 的月均水平分别为 56.97 和 56.43，较 2016 年月均水平分别提高 5.47% 和 1.51%。2017 年 4 月美国失业率低至 4.4%，创 10 年来新低。经济周期理论和经验判断都说明，未来的美国宏观经济将进入一个相对长时期的复苏阶段。经济复苏为美联储缩表打开了机遇窗口，而且无论美国经济在复苏阶段结束后如何运行，美联储选择进行缩表都具有长期的正面效应。如果美国经济长期上行，选择这一时间窗口进行缩表有利防范经济过热和通货膨胀。如果复苏之后，掉头下行，美联储选择这一时间窗口进行缩表，则能够扩大公开市场操作的余地，为未来宽松货币政策预留空间。

第三节　美联储缩表与资产结构的常态化

资产结构的常态运行，就是要使已经恶化的资产结构恢复正常状态，使美联储的资产结构符合美联储的基本职能和配置原则（李欢丽、王威，2015）。逻辑上讲，只有在结构上正常，才能实现规模上的正常，因此，所谓缩表，先考虑的就是资产结构的正常。我们认为，从结构优化的角度考察，美联储的缩表应该遵循以下三个优先次序原则：一是优先调整份额过高的资产；二是优先调整增幅过大的资产；三是优先调整非常规资产。因此，把握美联储会如何缩表需深入美联储资产负债表内部，分析资产结构的变迁过程。

表 12－1 描述的是时间间隔相等的，具有代表性的 6 个年份美联储总资产的基本结构，由于美联储公布的资产负债表细分项目过多而且不同年份细分项目并不一致，为了便于分析，我们对美联储的资产负债表中的部分细分项目进行了合并整理，所以表 12－1 是一张简化的美联储资产结构表。表 12－1 中常备资产包括黄金、特别提款权以及铸币，证券资产包括由财政部发行的长短期国债，由房利美和房地美发行的联邦机构债券和非联邦机构发行且由联邦机构担保的住房抵押贷款支持债券（MBS）。逆回购协议一般是指央行为了调节联邦基金市场的流动性，主动借出资金，获取债券质押所形成的资产。贷款是指美联储向商业银行提供的短期流动性贷款。其他资产包括常规的在途资金、固定资产、外汇资产、央行货币互换，还包括在金融危机中对花旗集团、美国国际集团等大型金融机构的注资。表 12－1 中 2001 年、2004 年和 2007 年三个年度的美联储资产结构显示，国际金融危机之前，美联储的资产主要有常备资产、国债、回购协议、贷款及其他资产构成，而且份额相对稳定，因此，我们可以把它理解成美联储资产结构的常态。

表 12 –1   代表性年份美联储资产构成简表   单位:%

年份	2001	2004	2007	2010	2013	2016
常备资产	2.16	1.72	1.61	0.76	0.45	0.41
证券资产	83.87	88.35	84.43	88.95	93.31	94.83
国债	83.87	88.35	84.43	41.93	54.77	55.34
联邦机构债	0	0	0	6.08	1.42	0.36
MBS	0	0	0	40.94	37.12	39.12
回购协议	7.58	0.41	4.75	0	0	0
贷款	0.01	0.01	0.51	1.86	0	0
其他资产	6.39	9.52	8.70	8.43	6.23	4.77
总资产	100.00	100.00	100.00	100.00	100.00	100.00

资料来源:美国联邦储备银行。

国际金融危机之后,通过量化宽松货币政策,美联储显著地改变了资产结构。概括起来美联储资产机构的变化具有以下三个特征:第一,证券类资产份额明显增加,2007年证券类资产的份额虽然是份额最大的资产,其份额也只有84.43%,到2016年证券类资产的份额已经上升到94.83%,比2007年增长了10.4个百分点,非证券类的资产总和占美联储资产的份额仅略多于5%,足以显示美联储资产结构的畸形;第二,证券类资产增速最快,2007年证券类资产的总额为7 546.12亿美元,非证券类资产为1 392.06亿美元,2016年证券类资产为42 211.68亿美元,非证券类资产为2 302.83亿美元,也就是说与2007年相比证券类资产增长了459%,非证券类资产仅增长了65.43%,证券类资产的增速是非证券类资产增速的7.02倍;第三,证券类资产中非常规资产最多,2007年之前,证券类资产只有国债一项,也就是只有国债才是常规证券类资产。2007年之后,在证券资产项下美联储增加了联邦机构债券和MBS两项非常规资产。① 虽然联邦机构债券占美联储资产的比

---

① 金融危机之后,美联储新增了资产项目除了MBS,还有定期拍卖信贷、一级交易商信贷便利、资产支持商业票据货币市场共同基金流动性工具、给AIG的贷款、定期资产支持证券贷款便利、所持LLC的商业票据融资便利、所持maiden Land LLC资产净额栏目。

重有显著收缩，但 MBS 占美联储的资产的比例至今仍然高达 39.12%，加上
联邦机构债券占比，证券项目的非常规资产占美联储资产的比例接近 40%。
因此，无论是份额过高的资产优先调整、增幅过大的资产优先调整，还是非
常规资产优先调整，美联储应该优先处理证券类资产。总体考察，三个原则
都集中指向证券类资产，所以美联储的缩表应该是集中削减证券资产，缩小
证券资产的规模，降低证券资产的份额。

美联储可以采用被动缩表与主动缩表两种方式收缩资产负债表，被动缩
表是指美联储对持有的债券在到期后不再进行再投资，让时间消化到期债券，
使债券总规模自然缩减。主动缩表是指美联储主动出售未到期证券，通过主动
操作实现资产收缩。表 12-2 描述的是 2017 年 4 月美联储持有的证券资产的期
限结构，表 12-2 说明，如果美联储被动缩表，一年之内能够缩减的证券为
2 686.94 亿美元，也就是说如果单纯依靠被动缩表，一年以内美联储能够缩减
2 686.94 亿美元，不过，这一数据仅仅只占同期美联储总资产 44 792.70 亿美元
的 6.01%。1~5 年到期的证券为 11 967.74 亿美元，占同期美联储资产的比
重为 26.72%；10 年以上到期的证券资产为 23 953.01 亿美元，占同期美联储
资产的比重为 53.48%。2017 年分析家普遍认为美联储会通过被动缩表的方
式来缩减资产负债表，尤其是被动缩减国债的方式来调整资产负债表。因为
被动式缩表比较温和，对经济和金融的冲击力较小（Bernanke，2017）。

表 12-2　　　　　　　　美联储证券类资产的期限结构　　　　　　　单位：亿美元

证券类别	1 年以内	1~5 年	5~10 年	10 年以上	所有期限
国债	2 612.56	11 945.49	3 811.91	6 276.42	24 646.38
联邦机构债	74.38	20.44	0	23.47	23.47
MBS	0	1.81	114.24	17 653.12	17 769.17
合计	2 686.94	11 967.74	3 926.15	23 953.01	42 439.02

注：此表为 2017 年 4 月 19 日数据。
资料来源：美国联邦储备银行。

但是，仅仅通过被动方式缩表会带来一系列问题。第一，被动缩表的
耗时过长。如果单纯依靠被动缩表，5 年内大约能够使资产收缩 1/3，10 年

以内能收缩 2/5，换句话说，如果单纯依靠被动缩表，到 2022 年末，美联储的资产仍有 30 138.02 亿美元，即使到 2027 年末，美联储的资产还会有 26 211.87 亿美元，还会远远超过与美联储资本和美联储 GDP 相匹配的适度水平。第二，恶化债券资产的期限结构。如果开启被动缩表的模式，在美联储消化了 10 年以下的证券之后，资产负债表中就只有 10 年以上的国债，这有悖央行资产结构配置的基本原则。美联储必须持有一定比例的短期国债才能进行公开市场操作，调节短期金融市场的流动性和利率水平。也就是说，如果没有了短期国债，央行就失去了货币政策操作的重要工具，没有合理的资产期限结构，美联储就没有了政策操作的空间。第三，恶化美联储资产的品种结构。2007 年之前，美联储持有的债券全部是国债，由于联邦机构债和 MBS 不能满足流动性和安全性的要求，所以传统上美联储不会将这两者作为传统资产持有。然而，仅靠被动缩表，其结果是 10 年后资产负债表中仍有 23.47 亿美元的联邦机构债和 17 769.17 亿美元的 MBS，这两个项目加总占证券资产的 73.79%，这显然不是正常的、合理的证券资产结构。

综上所述，仅仅依靠被动缩表不能完全解决资产的过度膨胀问题，美联储必须在适当的时候主动缩表，采取主动缩表与被动缩表交替进行的模式，在预期的时间内使资产规模实现正常化，资产配置实现最优化。

戴维斯（Davies，2017）认为美联储缩表会使美国的流动性收紧，给美国经济带来较大冲击。我们不认同这种观点，原因在于虽然美联储缩表会显著地减少基础货币，但影响金融市场运行的并不仅仅是基础货币规模，而是货币供给规模，它是基础货币与货币乘数的乘积，因此，在美联储缩表的同时，如果能够有效提高货币乘数，货币供应规模不会有太大的收缩，对美国经济运行也就不会造成太大冲击。美联储的货币供应规模中，有相当大一部分是商业银行以准备金的形式存在，形成美联储负债方的储蓄类金融机构存款，并未进入实体经济。如果美联储在缩减资产的同时，降低超额准备金利率，使准备金回流商业银行系统，真正流入实体经济，拉动美国的消费与投资。可见，缩表对美国经济的冲击并不显著。

第四节　美联储缩表背景下的强势美元周期

自布雷顿森林体系确定了美元的全球货币霸权地位以来，美元汇率的变化对全球经济的运行一直产生着巨大的影响。迄今为止，美元仍然是当代全球第一大官方储备货币，第一大贸易结算货币，第一大对外投资货币，第一大外汇交易货币以及第一大离岸信贷货币，因此，虽然美联储是唯一的美元发行机构，但是美元引起的问题往往是全球性问题（李石凯、刘昊虹，2016）。理论上讲，美元汇率要受到国际国内多重因素的影响，但很多因素对美元汇率的影响是偶然和短期的，只是美元汇率运行的扰动项，对美元汇率运行能够产生长期而且实质性影响的主要是美国联邦基金利率主导的美元利率和以基础货币为主要指标衡量的货币供应，因为美元利率会影响美元的投资收益，美元供应会影响美元的供求平衡。

图 12-3 显示，2001 年末美国联邦基金利率为 1.16%，将数据稍微延长，我们能够发现，2000 年 7 月美国的联邦基金利率曾经高达 7.03%，导致这一时期美国联邦基金利率急剧下行的是互联网科技泡沫的破裂，为了抑制美国经济的衰退，美联储频繁且大幅下调联邦基金利率，到 2003 年末利率已经降至 0.94%。2003 年之后，美国经济持续复苏，房价不断上涨，通胀不断升温，因此，美联储也不断上调基准利率，到 2006 年达到峰值 5.17%，到 2007 年 7 月还维持在超过 5% 的高位，此后，美联储经过 9 次降息，2008 年 12 月将联邦基金利率的目标区间下调至 0~0.25% 的极限地位，而且这一水平维持了整整 7 年都没任何改变。2015 年 12 月，由于美联储设定的就业目标和通胀目标基本实现，美联储开启了加息通道，于 2015 年 12 月 17 日、2016 年 12 月 15 日、2017 年 3 月 16 日和 2017 年 6 月 15 日四次调高利率。到 2017 年 7 月，美国联邦基金利率的目标区间已经上升至 1.0%~1.25% 的水平。美联储的货币政策大致可以分为两类：一类是以联邦基金利率为主的价格政策；另一类是以公开市场操作为主的数量政策。一般遵循价格政策优先的原则，因此，在图 12-3 中我们能够看到，2001~2007 年，虽然美联储频繁使用价格政策工具，但基本上

没有使用数量政策工具，美国的基础货币基本上没有太大的变化，2001 年为 6 507.75 亿美元，2007 年为 8 371.92 亿美元，年均增速 4.28%。2008 年美国启动第一轮量化宽松货币政策，当年美国的基础货币增长了一倍，达到了 1 663.64 亿美元，经过此后两轮量化宽松货币政策的强化，到 2014 年底，美国的基础货币达到 39 344.55 亿美元的历史高位，7 年间年均增速 57.13%。虽然 2014 年底美联储已经退出量化宽松货币政策，但是由于没有启动缩表程序，美国的基础货币仍在高位运行，2016 年底仍有 35 315.81 亿美元。

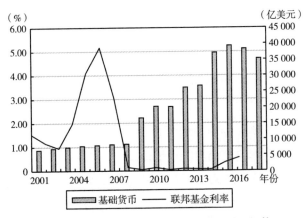

图 12－3　美国联邦基金利率和基础货币运行状况

资料来源：美国联邦储备银行。

管涛、谢峰（2016）研究显示，在过去的 40 年，历史上曾经出现过两次强势美元周期，第一次出现在 1978～1985 年，美元升值 67%，第二次出现在 1998～2002 年，美元升值 43%。对比同一时间段内美元指数与美国联邦基金利率的运行，我们能够发现，两者都呈现显著的周期性波动规律，但是在相同时间截面，两者的运行方向并不完全一致，有时甚至相反。进一步的研究显示，外汇市场美元汇率的上升往往出现在利率市场美元的加息周期得到确认之后，因此，如果我们将联邦基金利率后推一年，美元指数的运行与联邦基金利率的运行则会高度重合，波动幅度和周期长度都显著相关，也就是说在美元加息一年之后，美元汇率会强势上升，强势美元周期才能真正确立。为了证明上述结论，我们先将美国联邦基金利率的月度均值作为自变量 X，以名义狭义美元指数的月度均值作为因变量 Y，时间序列从 1973 年 1 月至 2017 年 7 月，进行回归与相关分析得出的回归方程式为：$Y = 1.9889X + 83.769$，相关系数 R 为 0.56。然后，我们仍然以美国联邦基金利率的月度均值作为自变量 X，以滞后 12 个月的名义狭义美元指数的月度均值作为因变量 Y，进行回归与相关分析，得出的回归方程为：$Y = 2.3211X + 86.321$，相关系数为 $R = 0.65$，说明即使不滞后 12 个月，美元利率和汇率之间也存在显著的相关关系，但是，如果将汇率滞后 12 个月，美元利率与汇率之间的相关程度大幅提高，显然，美元加息一年之后美元汇率会强势上升的结论在统计学上得到了证实。如果历史可以重演，从 2015 年 12 月美国第一次加息起算，其时间已经超过一年，美元汇率就应该已经进入上升通道。美元指数运行的数据显示，2014 年底，美元汇率已经触底反弹，与同一时期美联储缩表预期的出现几乎同步，它说明美联储缩表也会对强势美元周期起到支撑作用。因此，与前两轮强势美元周期仅仅依靠美元加息政策支撑不同，第三轮强势美元周期应该能够得到加息和缩表两个因素的共同支撑。我们有理由预期，在加息与缩表两个因素叠加影响的背景下，第三轮强势美元周期持续的时间可能更长，美元升值的幅度可能更大。

从目前的情况来看，联邦基金利率仍然运行在 1% 以下，如果恢复到金融危机前超过 5% 的水平，美联储的加息空间仍然巨大①。2017 年 6 月的数据显示，美国的基础货币接近 4 万亿美元，如果恢复到金融危机前不足 1 万亿美元的水平，收缩的空间也十分巨大。联邦基金利率的上升会通过利率传导机制，改变金融市场的运行格局，提高美元投资的收益率和美国市场对资本的吸引力，有利于美元汇率的上行。美联储缩表会减少市场的美元流动性供给，打破市场现有的美元流动性的供求状况，也有利于美元汇率的上行。因而我们认为，对第三轮强势美元周期的判断是符合逻辑的。

第五节　美联储缩表背景下的新兴市场

从逻辑上讲，加息和缩表均是紧缩性货币政策的操作方式，其中，加息

---

① 本章基于 2017 年 6 月做出的预判。

是通过公开市场操作提高短期利率，缩表则是通过出售长期资产回笼长期流动性，进而提高长期利率。因此，加息主要影响短期利率，缩表主要影响长期利率，加息对经济运行的影响相对温和，缩表对经济运行的影响更为显著。在美联储实施量化宽松货币政策的过程中，大量美元流动性通过溢出效益进入国际金融市场，造成全球流动性泛滥（张茉楠，2017）。在美联储缩表的背景下，随着基础货币供给的减少，境外美元流动性收紧，2008年金融危机以来形成的全球资本运行的格局将被打破，这对全球金融市场的影响是广泛而深远，对新兴市场的冲击尤其显著。

一、新兴市场资本流出压力加大

2008年，美国实施量化宽松的货币政策，美联储制定的0～0.25%的美元超低利率区间使美元资产的收益率下降，大量的资本流入经济增长更快，利率更高的新兴市场国家，以获取更高投资收益。然而随着美国经济的稳固复苏，美联储加息和缩表两大政策叠加的预期日益增强，强势美元周期日趋明显，美元长短期利率逐步上升，美元资产收益率显著提高，新兴市场的资本将大规模回流美国。此外，特朗普的减税政策已经开始实施，减税加上缩表将引发更大规模的产业资本回流，进一步导致新兴市场的流动性趋紧，甚至可能出现资产泡沫的破裂，使新兴市场经济的发展具有极大的不确定性。彭博社数据显示，2017年3月MSCI新兴市场指数相关的空头合约达到2016年10月来的最高水平，显然资金对新兴市场的信心不足，资本流出趋势日益加剧。

二、新兴市场的货币政策将被动收紧

金融危机之后，以美元、欧元、日元、英镑为代表的主要国际货币的长期利率处于低位运行状态，新兴市场也普遍选择了相对宽松的货币政策。2015年美联储加息后，全球货币政策开始出现分化，与美国持续加息不同，欧洲和日本央行仍然实施零利率政策，一些新兴市场国家跟随美国选择了加息；另一些新兴市场国家则跟随欧洲央行仍然实行低利率政策。我们知道，资产收益率是决定着资本流动一个非常关键的因素，随着美联储加息，美国国债的收益也在上升。数据显示，2015 年初，美国一年期国债的收益率还只有 0.2%，2017 年 7 月已经升至 1.22%，提高了 5 倍多，国债收益率的提高无疑极大增强了美元资产的吸引力。而且我们相信，如果美联储缩表，会持续强化美国国债收益率的上升势头，一旦美联储开始缩表，而新兴市场的货币政策不做任何调整，资产收益率缺乏上升动力，资本流出将加速，可能会造成新兴市场国家的汇率动荡。因此，为了避免连锁性动荡的产生，新兴市场国家货币政策会被动收紧。在全球资本回流美国、新兴市场经济增长乏力的背景下，紧缩的货币政策无疑使新兴市场雪上加霜，减缓新兴市场经济修复的速度。

三、新兴市场的融资成本加大

长久以来，在国际金融市场上，新兴市场国家都是资金的主要需求方，欧美发达国家是资金的主要供给方，发达国家货币政策的动向对于新兴市场的融资有非常大的影响。2008 年金融危机后，许多新兴市场国家的非金融类企业纷纷在离岸市场设立子公司并利用子公司在离岸市场发行债券进行套利，我们认为，这一趋势将出现改变。虽然欧盟、日本和英国仍然在持续实施量化宽松货币政策，但随着美联储缩表进程的推进，主要发达国家央行的货币政策将逐步回归常态，终将导致全球流动性趋紧，利率水平普遍升高，新兴市场国家的融资成本加大。值得注意的是，由于许多新兴市场国家的外债是以美元计价的，如果美联储开始缩表，强势美元周期会进一步强化，美元指数的走强会使新兴市场国家的债务负担不断加重。根据国际金融协会测算，2014～2018 年，所有新兴市场需要展期的企业债务将近 2 万亿美元，其中以美元计价的债务约占 30%。很显然，一旦美元进入升值通道，新兴市场债券展期成本将显著上升，债务风险将不断加大，外债率高的国家更加危险。

研究显示，在美联储加息和缩表两大政策双重叠加的背景下，防控美联储货币政策的溢出性风险必须是目前新兴市场国家货币政策调整过程中的重要参考变量，我国也应该审慎对待。2015 年以来，我国国际收支不再出现多年来持续的"双顺差"，而是转变为经常账户顺差和资本账户逆差的状态，其中跨境资本流出的规模不断加大。虽然我国经济增长前景向好，但美联储缩表会使人民币贬值压力增大，资本流动管理难度加大，国际储备规模减小，人民币国际化进程减缓。因此，我们应该积极调整财政政策和货币政策，以应对美联储缩表带来的一系列冲击[1]。

第六节　本章小结

美联储缩表的目标是通过缩表实现美联储资产负债表规模的常态化和结构的常态化。具体而言，通过缩表，使美联储的资产/资本比例、资产/GDP比例恢复常态，实现规模的常态化。通过缩表，降低证券资产，尤其是非常规证券资产的份额，实现结构的常态化。

美联储缩表有被动和主动两种方式，考虑到单纯依靠被动缩表不仅耗时过长，而且会恶化资产的期限结构和品种结构，我们认为美联储会交替使用被动缩表和主动缩表两种方式。

美联储缩表会减少市场的美元流动性供给，打破市场现有的美元流动性的供求平衡状况，强化强势美元周期。美联储缩表会引发国际金融市场美元流动性回流，并且因此改变全球经济的运行态势和竞争格局。

---

① 此处是针对 2017 年的背景给出的政策建议。

第十三章　美国货币政策的转向：
美联储加息和缩表的结束

本章导读：

国际金融危机以来，美国的货币政策可以明确地区分为超宽松与常态化两个阶段，虽然常态化的目标远未实现，但由于受到来自政府、市场以及经济的压力，美联储准备停止加息和缩表，结束货币政策常态化进程。研究显示，宽松的货币政策会引发弱势美元周期，而紧缩的货币政策会引发强势美元周期。很显然，美国货币政策的常态化是支撑新一轮强势美元周期的货币性原因。我们有理由认为，以停止加息和缩表为特征的美国货币政策转向意味着强势美元周期无法得到政策支撑，加上"美国优先"政策导致美元成为低信用、高风险资产，全球去美元化浪潮不断升级，会进一步打压美元汇率，未来美元有可能长期弱势。我们建议通过积极调整国际储备结构、加速推进人民币国际化进程、继续深化"一带一路"货币合作、不断加强宏观政策的逆周期管理等措施弱化弱势美元对中国经济的不利影响，强化弱势美元对中国经济的发展契机，维持中国经济的平稳健康发展。[①]

第一节　引言

2019年3月20日，美联储公开市场委员会（FOMC）公布，继续维持联

---

① 本章以2006～2018年的相关数据为研究样本。

邦基金利率在 2.25% ~ 2.5% 。与此同时，美联储还更新了《资产负债表常态化原则与计划》，宣布将于 2019 年 5 月放缓缩表进程，把每月美国国债最高减持规模从原先的 300 亿美元缩减为 150 亿美元，到 2019 年 9 月末终止缩表。

研读 2019 年 3 月美联储的货币政策会议纪要与《资产负债表常态化原则与计划》，我们能够推断，美国的货币政策即将发生重大转向。第一，加息周期已经结束，从 2015 年 12 月首次启动加息以来，美联储总共加息 9 次，随着 2018 年加息步伐不断加快，包括美国银行在内的许多金融机构都预测 2019 年美联储至少加息两次。然而，2019 年 3 月的货币政策纪要表明，与市场预期不同，美联储已经提前结束加息周期。第二，缩表进程即将结束，2017 年 10 月，美联储启动缩表进程，主要采取停止到期资产再投资与主动出售中长期国债和 MBS 相结合的方式，以缩减美联储过度膨胀的资产负债规模。根据纽约联储的预测，中性情景下，美联储估计要到 2021 年才结束本轮缩表，资产规模约降至 3.06 万亿美元。2019 年 3 月《资产负债表常态化原则与计划》显示，即便在时间上和规模上都远远不及预期，美联储仍将终结缩表进程。

强势美元周期明显受到加息和缩表两个货币性因素的支撑，美联储停止加息和结束缩表意味着强势美元周期无法得到政策支撑，加上"美国优先"政策导致美元成为低信用、高风险资产，全球去美元化浪潮不断升级，会进一步打压美元汇率，未来美元有可能长期弱势。未来美元的弱势对中国经济的影响将是机会与挑战并存，我们建议通过积极调整国际储备结构、加速推进人民币国际化进程、继续深化"一带一路"货币合作、不断加强宏观政策的逆周期管理等措施弱化弱势美元对中国经济的不利影响，强化弱势美元对中国经济的发展契机，维持中国经济的平稳健康发展。

第二节　文献回顾

文献回溯显示，与本章相关的研究大致可以分成三个方面：第一，美元周期理论。长期考察，美元汇率的运行呈现强势美元和弱势美元交替，并构成完整的汇率运行周期。第二，货币政策对美元汇率的影响。美国货币政策的变化会通过不同的传导机制影响美元汇率运行。一般情况下，宽松的货币政策会引发弱势美元周期，而紧缩的货币政策会引发强势美元周期。第三，美元汇率周期的溢出效应。美元汇率周期会通过利率、汇率和贸易三大渠道对全球经济尤其是新兴市场经济体带来巨大冲击，中国作为最大的新兴经济体，无疑会从多方面直接或者间接受到美元汇率周期波动溢出效益的影响，对美元汇率周期的判断更是意义重大。

一、美元汇率周期

葛莱克和帕特瑞（Gerlach and Petri，1990）对美元汇率的运行进行了长期的观察，较早提出了美元周期的概念，他们认为一个完整的美元周期由美元升值周期和美元贬值周期两个子周期构成。1995 年克林顿政府的财政部部长鲁宾（Rubin）提出强势美元概念之后，绝大多数学者都采用强势美元周期替代美元升值周期，弱势美元周期替代美元贬值周期。巴勃罗等（2016）回顾了 1970～2014 年数据，发现强势美元周期一般持续 6~8 年，弱势美元周期一般持续 9 年。在强势美元周期内，新兴市场经济增长速度放缓，在弱势美元周期内，新兴市场运行状况改善。管涛（2016）对 1995 年以来美元强势与弱势交替的制度性原因进行了研究，认为美元强势或者弱势主要服务于美国经济的需求，虽然美元汇率的运行对全球经济会产生重大影响，但事实上，美国的汇率政策取向几乎完全不考虑其外溢效益。

二、美国货币政策与美元汇率的关系

一般认为，如果美国实施宽松的货币政策，会加剧美元外流，打压美元汇率；如果美国实施紧缩的货币政策，将导致美元回流，抬升美元汇率。管涛（2017）的研究显示，美国货币政策由宽松到紧缩的周期变化能够很好地解释美元从弱势到强势的周期变化。国际金融危机以来，美国联邦基金利率的升降、美联储资产的增减与美元指数的走势也支持了上述研究结论。王晓雷、刘昊虹（2011）认为，美国量化宽松货币政策的实施导致大量美元流动性外溢，形成全球美元流动性泛滥，美元贬值。巴勃罗等（2016）认为，美国货币政策由宽松向紧缩的变化，会打压新兴市场经济，支撑强势美元。李欢丽、李石凯（2017）认为，美联储缩表会收缩市场的美元流动性，进一步强化强势美元周期。

三、美元汇率周期的溢出效应

美元汇率周期的溢出效应主要研究美元汇率波动对全球经济的冲击。现有文献主要集中在溢出渠道和溢出效果两个方面。从溢出渠道视角考察，美元汇率周期溢出效应主要通过利率渠道、汇率渠道以及贸易渠道三大渠道发生作用。博达等（Borda，2000）基于 VAR 模型的研究认为，美元汇率波动的负效应主要通过利率渠道对新兴市场产生影响。刘达禹等（2016）通过构建 TVP-VAR 模型，验证了美国联邦基金利率—人民币汇率—资产价格传导渠道的有效性。陈虹、马永健（2016）以 G20 国家为研究样本，对采用浮动汇率和钉住汇率制度的国家进行对比，认为采用浮动汇率制度的国家，受到美元汇率周期溢出效应影响更加显著。刘少华等（2017）通过设计溢出指数，测度了美联储加息对我国经济的溢出效应，认为相比加息预期带来的冲击，美联储加息之后对我国经济的冲击反而减弱。

总结现有研究成果，我们可以得出以下结论：第一，强势美元周期和弱势美元周期交替是一种历史规律，美元不可能长期弱势，也不可能长期强势，按照这一规律，在本轮强势美元周期经历了 5 年之后，现阶段极有可能出现强势周期转弱势周期的拐点。第二，美元的强势和弱势受到多重因素的影响，其中最重要的是美国货币政策的取向，如果未来美国的货币政策由紧缩转向宽松，美元汇率也极有可能呈现弱势状态。第三，由于溢出效应的存在，美元汇率周期的变化对全球经济会产生重大影响，在美元汇率周期有可能出现转折的关键时刻，我们应该未雨绸缪，及早做出判断并积极应对。

第三节　危机以来美国货币政策的变动与汇率运行

截至 2018 年底，国际金融危机以来的 10 年，美国的货币政策运行大致可以分成两个阶段：一是超宽松货币政策阶段；二是常态化阶段。

　　第一个阶段是超宽松阶段，超宽松阶段的货币政策由两部分组成，即前所未有的超低利率和不断恶化的美联储资产负债表。首先，以超低利率体现的超宽松货币政策呈现两大特点：一是降息幅度之大前所未有，从2007年9月至2008年12月，仅1年3个月的时间，美联储将联邦基金利率从5.25%降至0~0.25%的目标区间（通常称为零利率区间）。常态下，美联储单次利率调降幅度为0.25%，然而本轮降息过程中有3次降息幅度都达到了0.75%，是正常降息幅度的3倍。二是零利率持续时间之长前所未有，从2008年12月至2015年12月，长达7年的时间，美联储一直将联邦基金利率维持在0~0.25%，联邦基金市场有超过2500个交易日的利率水平都低于0.25%。其次，不断恶化的美联储资产负债表主要体现为规模的膨胀和结构的失常两个方面。从规模上考察，在通常情况下，美联储资产规模大致上与美国GDP的增速保持一致，因此，美联储资产/GDP比率长期维持在6%左右。量化宽松货币政策的实施使美联储资产急剧扩张，也快速提升了这一比率，2014年甚至升到25.66%的历史高位，超出正常水平的4倍。从结构上考察，美联储资产中80%以上是证券资产，金融危机爆发之前，出于安全性考虑，美联储的证券资产几乎100%是国债，而具有高风险特征的MBS从来没有进入美联储资产的范畴。量化宽松货币政策实施以后，美联储的证券资产除了国债，还有政府机构债和MBS。以2016年为例，美联储证券资产在总资产中的占比高达94.83%，其中，国债占比55.34%，机构债占比0.36%，MBS占比39.12%，很显然，短短几年，高风险的MBS已经成为美联储的重要资产，表明美联储的资产负债表已经严重脱离常态。

　　第二个阶段是常态化阶段，货币政策常态化是指货币政策由应对危机状态向常规状态转变、逐步退出非常规政策手段的过程。从数量上看，退出QE并实现货币当局资产负债表的收缩；从价格上看，持续上调短期政策性利率即联邦基金利率，使其逐步恢复至正常水平。2015年12月，美联储上调联邦基金利率，表明美联储货币政策正式进入常态化阶段，而且通过先加息后缩表、快加息慢缩表的操作不断强化货币政策常态化的进程。

图 13-1 描述的是 2006~2018 年美国联邦基金利率及美联储资产规模的变化，为了便于历史比较，我们还将数据前移至 2006 年。

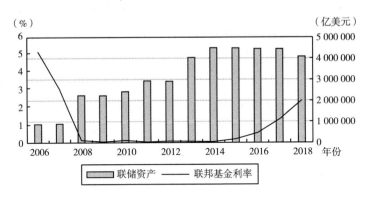

图 13-1 美国联邦基金利率及美联资产规模变化

资料来源：美国联邦储备银行。

分析图 13-1 有助于我们了解美国货币政策超宽松和常态化阶段这两个关键指标的运行状态。第一，超宽松阶段的联邦基金利率和美联储资产规模的变化。2006 年底美国联邦基金利率还在 5.17% 的高位，2007 年 9 月开始，经过 10 次下调，联邦基金利率出现断崖式下跌，2008 年底降至 0.14% 的历史低位，实质上进入零利率阶段，这一阶段整整持续了 7 年。量化宽松货币政策实施以后，美联储资产规模急剧膨胀。长期以来，美联储资产年增长率大致保持在 2% 左右，然而，2008 年美联储资产出现了史无前例的增长，一年之内骤增 150.73%。此后，三轮量化宽松货币政策的不断加码，美联储资产规模不断攀升，2015 年底达到了 4.49 万亿美元的高位，比 2007 增加了 4 倍。第二，常态化阶段的联邦基金利率和美联储资产规模的变化。从 2014 年开始，美联储不断释放加息信号，并于 2015 年 12 月正式开始加息，由此进入新一轮加息周期，经过 9 次加息之后，到 2018 年底，联邦基金利率再次回升至 2.4%。在结束零利率的同时，美联储也多次释放缩表信号，但一直到 2017 年 10 月才正式开始实施。经过 14 个月持续的缩表，到 2018 年 12 月，美联储资产缩减至 4.08 万亿美元。

图 13-2 描述的是 2006~2018 年广义实际美元汇率指数的运行，为了与

图 13 - 1 比较，我们同样把数据前移至 2006 年。分析图 13 - 2 有助于我们分析不同货币政策下美元汇率运行的现实，把握美国货币政策取向与美元汇率运行的相互关系。图 13 - 2 显示 2006 年以来美元汇率的运行大致可以分成两个阶段：第一阶段是从金融危机爆发到 2014 年 6 月，呈现剧烈波动和低位徘徊两大特征。金融危机之前，美元实际有效汇率基本上都在 106 ~ 110 徘徊，危机爆发的初期美元指数急剧下行，2008 年 3 月跌至谷底，仅为 96.41，虽然此后有短暂回升，但 2009 年 3 月之后重回贬值通道，到 2011 年 6 月又跌至93.69 的低位，此后一直在 93 ~ 98 的区间低位徘徊。第二阶段从 2014 年 7 月到 2018 年底，其基本特征是美元汇率波动性上行且高位运行。2014 年 7 月开始，美元显著摆脱颓势，出现明显的上行趋势，2014 年 9 月美元指数突破100，之后尽管中间个别月份有所下跌，但依然没有改变美元强劲的走势，2015 年 7 月突破 110，此后基本上都运行在 110 以上，到 2018 年 12 月，美元指数达到了 117.02 点的高位，比 2008 年 3 月的低位高出 20.61 个基本点，比2006 年初也高出了 3.92 个基点。

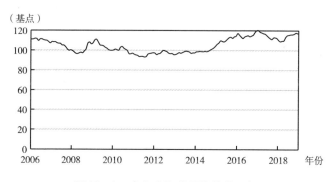

图 13 - 2　广义实际美元指数的运行

资料来源：国际清算银行。

对比图 13 - 2 与图 13 - 1 我们能够发现，美元汇率的运行与美国货币政策的取向在时间上存在密切的关系。2007 年美元指数显著下行与美联储大幅下调联邦基金利率时间耦合，2009 年 3 月美元再次显著下行又与第一轮量化宽松货币政策的实施时间耦合，2014 年 7 月美元强势反弹与美联储不断释放退出量化宽松的货币政策时间耦合，2014 年 12 月之后美元汇率的加速上行与美国退出量化宽松货币政策和持续加息时间耦合。这些耦合绝对不是巧合，它足以证明美国货币政策取向对美元汇率运行存在直接而且关键的影响。

第四节　美联储货币政策转向与强势美元周期的终结

2019 年 3 月 20 日，美联储公开市场委员会（FOMC）公布，继续维持联邦基金利率在 2.25%～2.5%。与此同时，美联储还更新了《资产负债表常态化原则与计划》，宣布将于 2019 年 5 月放缓缩表进程，把每月美国国债最高减持规模从原先的 300 亿美元缩减为 150 亿美元，到 2019 年 9 月末结束缩表。在此之前，市场对美联储 2019 年继续加息的预期强烈，很多机构甚至预判美联储极有可能在年内加息两到三次，而且缩表的力度加码也是大概率事件。逻辑上讲，即使到 2018 年末，美国联邦基金利率也不到危机前的 50%，美联储资产仍然是危机前的 4 倍。也就是说，无论是基准利率还是联储资产，都尚未达到正常化水平。但是分析 3 月份美联储释放的货币政策信息，我们可以发现美国货币政策即将发生重大转向，一是加息周期已经结束，根据 2019 年 3 月美联储释放的信息，市场普遍预期 2019 年 6 月开始，美联储不只是停止加息，而且极有可能开始降息；二是缩表周期已经结束，《资产负债表常态化原则与计划》显示，虽然美联储资产远未恢复常态化水平，但从 2019 年 9 月开始，美联储肯定会停止缩表进程，意味着未来美联储的资产将长期在相当于危机前 4 倍的高位运行。

严格意义上讲，由于货币政策的常态化远未达到目标，美联储货币政策转向的时机也未成熟，美联储货币政策之所以转向，主要原因是美联储承受来自政府、市场和经济的三重压力。一是政府压力。2019 年以来，特朗普多次在公开场合指责美联储主席鲍威尔，声称如果不是美联储的持续加息，美国经济和股市会表现更好，预算赤字会能够改善。尽管美联储是相对独立的中央银行，但政府不断强化的压力，对美联储的货币政策决策也造成了明显的干扰。二是市场压力。次贷危机初期，美国股市曾经出现暴跌。对比 2007 年 7 月 19 日和 2009 年 3 月 9 日的数据，我们发现道琼斯工业指数从 14 000.4 点下跌到 6 547.05 点，跌幅高达 53.24%；标准普尔指数从 1 553.08 点跌到 676.53 点，跌幅 56.44%；纳斯达克指数 2 707 点跌到 1 268.64 点，跌幅 53.13%。由于财政政策和货币政策的强烈刺激，美国股市从 2009 年 3 月 10 日触底反弹，此后开始了长达 10 年的牛市，而且屡创新高。到 2018 年 10 月，道指、标普和纳指分别达到 26 828.39 点、2 925.51 点、8 037.30 点，不仅远远超过危机前的水平，也远远超过历史最好水平。逻辑上讲，美国经济无法支撑如此高的股指，也就是说，美国的股票市场存在严重的泡沫，回调顺理成章。因此，2018 年 10 月以后，三大股指都曾经出现一定的回落，但是市场并不认为股指的回落是市场自身的反映，而是将矛头指向美联储的加息与缩表，而且由于回调的不断加深，对美联储的指责也不断加码，使美联储在考虑货币政策决议的时候不得不考虑来自市场的压力。三是经济压力。毋庸讳言，最近几年美国经济增长强劲，但是，随着财政政策刺激效应持续递减和特朗普"美国优先"政策带来的经济增长不确定性持续增强，未来美国经济的前景并不乐观。因此，许多国际金融机构纷纷下调对美国经济增长的预期：2019 年 4 月，IMF 将美国经济增长预期从年初的 2.5% 下调至 2.3%；2018 年底，OECD 也将美国 2019 年经济增长预期从原先估计的 2.8% 下调至 2.7%；市场最悲观的预期认为美国经济在不久的将来将出现新一轮衰退。美联储对美国经济增长的前景也存在诸多疑虑，所以一定程度上，美联储停止加息和缩表应该是防患于未然之举。

著名投资银行摩根士丹利（Morgan Stanley）在《2019 全球宏观展望报告》中指出，虽然 2018 年大量资金回流美国，导致美元上升，但这些资金多为"低质量"资金，很容易发生流向逆转。从长期来看，国际金融市场对美元资产的需求并不高，且目前美元约被高估了 10%～15%。随着 2019 年美国政策刺激效应减弱，利率上升，融资成本上升，美元升值不可持续。关于未来美元的走势，我们基本同意摩根士丹利的判断，但有必要做出三点补充：第一，美联储货币政策的改变对美国及全球经济将产生重大影响，最突出的影响是强势美元周期将不可持续。美联储货币政策的改变表明，美元汇率在未来波动性加剧，并形成下降趋势，支撑强势美元周期的货币驱动力将不复存在。第二，2018 年以来，美国政府奉行"美国优先"政策，在"美国优先"政策框架下，美国坚持强硬的贸易与投资保护主义，不断对其他国家实施贸易与金融制裁，这不仅严重冲击了既有的国际金融和国际贸易体系，还削减了国际金融市场美元的需求，进而削弱了美元作为国际储备货币的安全性，严重透支了美元的国际信誉，压制美元的强势。第三，为了摆脱美国的金融制裁，去美元化成为必然的选择。作为对"美国优先"政策的反制措施，近年来，全球掀起了一轮去美元化浪潮，其特征为脱钩美元清算系统、减持美国国债、增加黄金储备、减少美元结算（李欢丽、李石凯，2019）。我们有理由认为，随着美国的"美国优先"政策进一步蔓延，全球去美元化浪潮将再掀高潮，逐步解构以美元为主导的既有国际货币体系，加速强势美元周期的终结。

第五节　中国应对策略分析

随着美国货币政策的转向，强势美元周期极有可能终结，未来的美元将可能长期弱势，按照美元汇率周期的溢出效益理论解释，弱势美元周期将通过利率、汇率和商品等渠道对其他国家带来影响。中国是最大的发展中国家，与美国有广泛的经济、金融、贸易和投资联系，是美国最主要的贸易伙伴，更是第一大美国国债的持有者。我们认为弱势美元既可能给中国经济带来不利影响，也可能给中国经济带来发展契机。我们有必要在美联储货币政策转向，弱势美元周期开始之前，通过积极调整国际储备结构、加速推进人民币国际化进程、继续深化"一带一路"货币合作、不断加强宏观政策的逆周期管理等措施弱化弱势美元周期对中国经济的不利影响，强化弱势美元周期对中国经济的发展契机，维持中国经济的平稳健康发展。

一、积极调整国际储备结构

2018 年《中国国际投资头寸表》显示，在 3.17 万亿美元的国际储备存量中，黄金储备为 763 亿美元，仅占 2.41%，外汇储备为 3.07 万亿美元，占比高达 96.99%。虽然国家外汇管理局并没有公布外汇储备的币种结构，但美国财政部的数据显示，2018 年底中国持有美国的国债高达 1.12 万亿美元，加上其他形式的美元资产，许多研究人员估计美元资产占外汇储备的比例可能超过 2/3。很显然，目前中国的国际储备以外汇储备为主，而外汇储备又以美元为主，这种储备结构目前面临双重风险：一是弱势美元会使储备资产面临汇率风险；二是不断持续的中美贸易摩擦会使储备资产面临政治风险。我们有必要对储备资产进行积极主动的调整，一是加快增持黄金储备的进程，数据显示，2016 年和 2018 年，中国黄金储备的实物量都有小幅的增加，但是黄金储备的比重仍然严重偏低；二是加快储备货币多元化步伐，可以适度增持"一带一路"的合作的关键货币，例如欧元和英镑；可以适度增持避险性货币，例如日元和瑞士法郎；也可以适度增持实物性货币，例如澳元和加元，改善储备资产的结构，减少储备资产的风险。

二、加速推进人民币国际化进程

2009 年人民币国际化进程启动，并取得了显著的成效，但是随着美元的强势，人民币国际化遇到了一定的阻力。很显然，美元的强势和弱势直接影响着人民币国际化的进程，因而我们有理由认为，未来弱势美元将是人民币国际化的第二个重要时间窗口。为了更好地利用这一时间窗口，使人民币国际化水平再上新台阶，我们建议：第一，升级跨境人民币清算体系。2015 年10 月 8 日，人民币跨境支付系统（CIPS）成功上线运行。2018 年 5 月，CIPS（二期）全面投产，实现对全球各时区外汇市场的全覆盖。然而现阶段，CIPS对人民币国际化的支撑作用尚没有充分发挥，我们认为应该进一步降低支付系统的参与门槛，拓宽业务品种和减少交易成本，尽快使 CIPS 功能全面落地。第二，有效推进双边本币互换进程。政府间双边本币互换的作用在于缓解签约国政府的短期融资压力、提升国际清偿力以及强化互换货币的国际地位。从 2009 年开始，中国政府正式将与外国货币当局签署的双边货币互换协议转变为双边本币互换。据中国人民银行统计，2018 年末，在中国人民银行与境外货币当局签署的双边本币互换协议下，境外货币当局动用人民币余额为327.86亿元，中国人民银行动用外币余额折合4.71亿美元。显然，双边本币互换为提升人民币国际化水平做出了一定的贡献。弱势美元周期下，政府间非美货币双边互换需求会更为明显，我们需要与更多的国家签署互换协议，扩充互换规模，延长互换期限，让双边本币互换更深入、更广泛地服务于人民币国际化。

三、继续深化"一带一路"合作

截至2018年底，"一带一路"倡议提出近6年以来，已有103个国家和国际组织同中国签署118份"一带一路"方面的合作协议；中国已经成为25个"一带一路"沿线国家最大的贸易伙伴，双边贸易累计超过5万亿美元；中国对沿线国家的直接投资超过700亿美元，进展显著。"一带一路"沿线国家普遍崇尚多边主义和自由贸易，反对单边主义和贸易保护，在弱势美元周期和去美元化浪潮的背景下，继续深化"一带一路"的合作更具天时、地利、人和。我们应该继续推进"21世纪海上丝绸之路"建设，加快中国—东盟自由贸易区升级；充分发挥丝路基金和亚投行金融支持的作用，引导企业加大对沿线国家和地区的投资，打造分工协作的产业链和经济带，加强沿线国家和地区与我国经济的相互依赖，在国际合作、项目合作、经贸合作、金融服务和文化交流五个方面不断深化"一带一路"合作。

四、不断加强宏观政策的逆周期管理

对外贸易是拉动中国经济增长的"三驾马车"之一，2018年，我国货物贸易出口24 174亿美元，较2017年增长9%；进口20 223亿美元，较2017年增长16%；顺差3 952亿美元，对GDP增长的贡献率为3.21%。美元汇率由强转弱将会直接冲击我国的对外贸易，美元弱势意味着人民币的强势，会打压中国的出口，加上美国对华贸易制裁不断升级，中国的对外贸易尤其是出口贸易将面临严峻的考验，我们应该未雨绸缪，强化逆周期管理，通过一系列宏观政策平抑弱势美元周期带来的冲击。产业政策方面，应该通过产业发展基金，积极扶持高新技术产业的进口替代。财政政策方面，通过减费降税，减少企业的经营成本，提升出口产品的价格优势。金融政策方面，扩大政策性银行对出口企业的金融支持，鼓励商业银行降低出口信贷门槛，增加出口信贷便利。我们相信，逆周期产业、财政和金融政策的有效配合，能够形成一整套应对弱势美元周期的缓冲机制，维持对外贸易乃至整体经济的平稳健康运行。

第六节　本章小结

国际金融危机以来，美国的货币政策可以明确地区分为超宽松与常态化两个阶段，虽然常态化的目标远未实现，但由于受到来自政府、市场以及经济的压力，美联储准备停止加息和缩表，结束货币政策常态化进程。研究显示，宽松的货币政策会引发弱势美元周期，而紧缩的货币政策会引发强势美元周期。很显然，美国货币政策的常态化是支撑新一轮强势美元周期的货币性原因。我们有理由认为，以停止加息和缩表为特征的美国货币政策转向意味着强势美元周期无法得到政策支撑，加上"美国优先"政策导致美元成为低信用、高风险资产，全球去美元化浪潮不断升级，会进一步打压美元汇率，未来美元有可能长期弱势。

我们建议通过积极调整国际储备结构、加速推进人民币国际化进程、继续深化"一带一路"货币合作、不断加强宏观政策的逆周期管理等措施弱化弱势美元对中国经济的不利影响，强化弱势美元对中国经济的发展契机，维持中国经济的平稳健康发展。

主要参考文献

[1] 巴勃罗·德鲁克，尼古拉斯·E.马古德，罗德里戈·马里斯卡尔. 美元升值对新兴市场的抑制效应 [J]. 新金融，2016 (4)：8-11.

[2] 巴曙松. 香港能成为人民币离岸金融中心吗？[J]. 经济月刊，2002 (11)：50-52.

[3] 曹永福. 美国经济周期"大缓和"研究的反思 [J]. 世界经济研究，2010 (5)：69-74.

[4] 陈静. 量化宽松货币政策的传导机制与政策效果研究——基于央行资产负债表的跨国分析 [J]. 国际金融研究，2013 (2)：16-25.

[5] 陈学彬，李忠. 货币国际化的全球经验与启示 [J]. 财贸经济，2012 (2)：45-51.

[6] 陈彦斌，陈小亮. 中国经济"微刺激"效果及其趋势评估 [J]. 改革，2014 (7)：5-14.

[7] 戴金平，张华宁. 后危机时代美国非传统货币政策的退出机制 [J]. 财经科学，2010 (6)：1-9.

[8] 戴淑庚，张润苇，余博. 人民币在岸汇率与香港离岸汇率联动：多目标政策下的"不可能三角"平衡 [J]. 现代财经，2017 (4)：37-50.

[9] 董继华. 境外人民币流通规模估计——基于季度数据的协整分析 [J]. 当代经济科学，2008 (1)：28-36.

[10] 管涛，谢峰. 做对汇率政策：强势美元政策对中国的启示 [J]. 国际金融研究，2016 (9)：3-10.

[11] 贺伯锋. 美国金融危机：一个均衡分析 [J]. 金融经济学研究，

2009（4）：95 – 101.

［12］胡定核．人民币国际化的构想［J］．国际贸易问题，1990（06）：32 – 35.

［13］胡朝晖，李石凯．欧洲主权债务危机的内生性与外生性研究［J］．亚太经济，2012（4）：3 – 9.

［14］胡朝晖，李石凯．美国双缺口、对外债务与经济增长［J］．世界经济研究，2013（2）：27 – 34.

［15］胡妍，李石凯．人民币国际化、市场化进程与汇率传导机制变迁［J］．财经科学，2018（2）：52 – 62.

［16］敬志勇，王周伟，范利民．中国商业银行流动性危机预警研究：基于风险共担型流动性创造均衡分析［J］．金融经济学研究，2013（2）：3 – 14.

［17］李翀．论人民币国际化的发展战略［J］．中山大学学报（社会科学版），1991（3）：8 – 16.

［18］李方，段福印．新货币政策环境下的中国货币政策框架完善［J］．经济学家，2013（10）：62 – 69.

［19］李欢丽，李石凯．流动性偏好、流动性陷阱与美国量化宽松货币政策的失灵［J］．新金融，2013（8）：26 – 30.

［20］李欢丽，李石凯．美联储缩表对强势美元周期与新兴市场的影响研究［J］．世界经济与政治论坛，2017（6）：54 – 68.

［21］李欢丽，李石凯．强势美元周期、去美元化浪潮与人民币国际化战略调整［J］．经济学家，2019（5）：68 – 75.

［22］李欢丽，李石凯．美国货币政策的转向、强势美元周期的终结与中国应对策略［J］．农村金融研究，2019（7）：38 – 43.

［23］李欢丽，王威．中国定向宽松货币政策评价——基于美国量化宽松货币政策内生缺陷视角［J］．金融经济学研究，2015（1）：13 – 22.

［24］李欢丽，王晓雷．传导机制扭曲与日本量化宽松货币政策失灵［J］．现代日本经济，2015（1）：33 – 42.

［25］李萌，赵栩．人民币汇率形成机制市场化改革的现状和对策［J］．宏观经济管理，2016（1）：56 – 63.

[26] 李石凯. 美国"新重商主义"四大迷思批判 [J]. 世界经济与政治论坛, 2006（4）: 18 – 24.

[27] 李石凯. 当代美国"新重商主义"述评 [J]. 亚太经济, 2006（5）: 64 – 68.

[28] 李石凯, 杨公齐. 金融危机冲击下的人民币贸易结算与人民币国际化 [J]. 广东金融学院学报, 2009（3）: 5 – 13.

[29] 李石凯. 从货币供应量变化看量化宽松货币政策的效果 [J]. 中国金融, 2010（23）: 77 – 78.

[30] 李石凯, 黄剑. 美国金融生态的恶化与量化宽松货币政策就业效应的失灵 [J]. 财经科学, 2011（6）: 9 – 17.

[31] 李石凯, 李欢丽. 量化宽松政策下的美国金融业 [J]. 中国金融, 2014（2）: 35 – 36.

[32] 李石凯, 刘昊虹. 美国货币 – 物价、货币 – 汇率双重背离问题研究 [J]. 财经科学, 2015（12）: 9 – 18.

[33] 廖国民, 何传添, 陈万灵. 美国量化宽松货币政策将陷入周期性常态化 [J]. 世界经济研究, 2014（8）: 15 – 21.

[34] 刘光友. 日本应对流动性陷阱的财政货币政策分析 [J]. 现代日本经济, 2009（5）: 19 – 23.

[35] 刘昊虹, 李石凯. 人民币国际化的战略支撑体系与非均衡问题研究 [J]. 经济学家, 2016（3）: 66 – 74.

[36] 刘昊虹, 李石凯. 人民币汇率联动效应变迁与汇率管理问题研究 [J]. 农村金融研究, 2018（4）: 34 – 38.

[37] 刘辉. 人民币离岸市场与在岸市场互动机制的实证分析 [J]. 宏观经济研究, 2014（1）: 89 – 143.

[38] 刘雅梅. 人民币在岸市场与离岸市场关系的实证研究——兼论人民币二次汇改效应 [J]. 财经问题研究, 2012（6）: 68 – 73.

[39] 路妍, 方草. 美国量化宽松货币政策调整对中国短期资本流动的影响研究 [J]. 宏观经济研究, 2015（2）.

[40] 马红霞, 孙雪芬. 金融危机期间美联储货币政策效果研究——基于

货币市场的实证分析 [J]. 世界经济研究, 2011 (2): 8 - 12.

[41] 马理, 余慧娟. 美国量化宽松货币政策对金砖国家的溢出效应研究 [J]. 国际金融研究, 2015 (3): 13 - 22

[42] 潘成夫. 量化宽松货币政策均理论、实践与影响 [J]. 经济学家, 2009 (9): 83 - 89.

[43] 潘功胜. 外汇改革发展的实践与思考 [J]. 中国金融, 2019 (2): 9 - 13.

[44] 潘雅琼, 唐传宝. 经常项目失衡可维持性的动态关系协整研究——来自日本的经验数据 [J]. 金融经济学研究, 2012 (8): 73 - 81.

[45] 潘英丽, 吴君. 体现国家核心利益的人民币国际化推进路径 [J]. 国际经济评论, 2012 (3): 99 - 109.

[46] 彭建刚. 国外两种商业银行经济资本计量方法的比较分析 [J]. 上海金融, 2008 (7): 62 - 65

[47] 阙澄宇, 马斌. 人民币在岸与离岸市场汇率的非对称溢出效应 [J]. 国际金融研究, 2015 (1): 21 - 32.

[48] 任倩. 国际化背景下人民币离岸和在岸市场汇率传导机制研究 [J]. 新金融, 2015 (9): 46 - 50.

[49] 沈小燕. 国际金融危机——人民币国际化的机遇 [J]. 世界经济情况, 2009 (5): 34 - 42.

[50] 童香英. 货币职能全视角下的货币国际化: 日元的典型考察 [J]. 现代日本经济, 2010 (5): 35 - 39.

[51] 万志宏, 曾刚. 量化宽松货币政策的实践——以日本为例 [J]. 国际金融研究, 2011 (4): 10 - 17.

[52] 汪仁洁. 货币政策的阶段性特征和定向调控选择 [J]. 改革, 2014 (7): 15 - 24.

[53] 王晓雷. 金融危机对美国对外贸易、贸易收支和经济增长的影响 [J]. 国际贸易问题, 2009 (1): 10 - 18.

[54] 王晓雷, 刘昊虹. 量化宽松货币政策下美国的消费投资与全球流动性泛滥 [J]. 财经科学, 2011 (2): 1 - 9.

［55］王晓雷，刘昊虹．论贸易收支、外汇储备与人民币国际化的协调和均衡发展［J］．世界经济研究，2012（11）：29－37.

［56］王信．非常规货币政策退出对美联储资产负债表的影响［J］．南方金融．2015（9）：68－76.

［57］王自锋，白玥明．量化宽松政策对中美通货膨胀的差异影响研究［J］．世界经济研究，2013（11）：15－20.

［58］向松祚．量化宽松货币政策：根源、机制和效果［J］．中国金融，2012（20）：16－18.

［59］修晶．美元会丧失其主导型国际货币地位吗？［J］．广东金融学院学报，2009（5）：5－17.

［60］修晶，周颖．人民币离岸市场与在岸市场汇率的动态相关性研究［J］．世界经济研究，2013（3）：10－15.

［61］许欣欣，李天德．美国现行宽松货币政策对世界物价的影响——基于不同经济体通货膨胀表现的分析［J］．亚太经济，2012（2）：21－25.

［62］严佳佳，黎淑珍．人民币定价权的动态演变——基于汇率波动区间的比较分析［J］．金融经济学研究，2017（4）：24－35.

［63］杨长湧．人民币国际化可能的路线图及相关问题分析［J］．国际金融研究，2010（11）：20－28.

［64］杨金梅．日美两国量化宽松货币政策比较［J］．金融理论与实践，2011（3）：100－102.

［65］杨晶晶，周定根．量化宽松货币政策效果如何——基于日本的经验［J］．金融经济学研究，2013（4）：72－82.

［66］杨洋，殷凤．人民币国际化进程中在岸与离岸市场汇率的动态关联—基于 VAR－DCC－MVGARCH－BEKK 模型的实证分析［J］．金融经济学研究，2016（5）：16－26.

［67］于同申．国际美元本位及其对世界经济的影响［J］．政治经济学评论，2003（1）：97－115.

［68］张磊．日美央行金融危机管理比较——基于资产负债表变化的特征分析［J］．现代日本经济，2014（2）：1－8.

［69］张茉楠. 美联储酝酿退出加大全球金融风险［J］. 瞭望, 2013
（20）: 53 - 53.

［70］张欣, 崔艳娟, 孙刚. 外部政治压力推动了人民币升值吗?［J］.
金融经济学研究, 2015（4）: 32 - 43.

［71］张支南、葛阳琴. 日美量化宽松货币政策的操作方式研究［J］. 现
代日本经济, 2013（1）: 29 - 34

［72］赵春荣. 中国人民币汇率制度改革取向研究［J］. 宏观经济研究,
2015（7）: 19 - 25.

［73］朱孟楠, 卢熠, 闫帅. 人民币离岸与在岸市场汇率的动态溢出效应
［J］. 金融经济学研究, 2017（3）: 14 - 24.

［74］Herbst, F. A. , Wu, S. K. Joseph & Ho, P. C. Quantitative Easing in
an Open Economy—Not a Liquidity but a Reserve Trap［J］. Global Finance Jour-
nal, 2014, 25（1）: 1 - 16.

［75］Bernanke, Ben S. . Shrinking the Fed's balance sheet［EB/OL］. Brookings,
［2017. 01. 26］https: //www. brookings. edu/blog/ben-bernanke/2017/ 01/26/shrink-
ing-the-feds-balance-sheet/.

［76］Bernanke, B. & Reinhart, V. Conducting monetary policy at very low
short-term interest rates［J］. American Economic Review, 2004, 94（2）:
85 - 90.

［77］Davies, G. The consequences of shrinking the Fed's balance sheet［N］.
Financial Times, 2017 - 05 - 14.

［78］Feldstein, M. How to Achieve Stronger U. S. Growth［J］. Journal of
Policy Modeling, 2014, 36（4）: 649 - 653.

［79］Fujiwara, I. Evaluating Monetary Policy When Nominal Interest Rates
Are Almost Zero［J］. Journal of the Japanese and International Economies, 2006
（3）: 434 - 453.

［80］Ivashina V. , & Scharfstein, D. Bank Lending During the Financial
Crisis of 2008［J］. Journal of Financial Economics, 2010, 97（3）: 319 - 338.

［81］Kimura, T. , H. Kobayashi, J. Muranaga, and H. Ugai. The Effect of the Increase in the Monetary Base on Japan's Economy at Zero Interest Rates: An Empirical Analysis [C]. Bank for International Settlements Conference Series, 2003 (19): 276 – 312.

[82] Krugman, P. Thinking About the Liquidity Trap [J]. Journal of the Japanese and International Eeonomies, 2000, 14 (4): 221 – 237.

[83] Laganà, G. & Sgro, M. P. North American Trade and US Monetary Policy [J]. Economic Modelling, 2013, 30 (1): 698 – 705.

[84] Putnam, H. B. Essential Concepts Necessary to Consider When Evaluating the Efficacy of Quantitative Easing [J]. Review of Financial Economics, 2013, 22 (1): 1 – 7.

[85] Puri, M., Rocholl, J. & Steffen S. Global Retail Lending in the Aftermath of the US Financial Crisis: Distinguishing Between Supply and Demand effects [J]. Journal of Financial Economics, 2011, 100 (3): 556 – 578.

[86] Sadahiro, A. Macroeconomic Analysis of the Postwar Japanese Economy [M]. Toyo Keizai Shimposha, 2005.

[87] Vaseo, C. and Woodford, M. The Central Bank Balance Sheet as an Instrument of Monetary Policy [J]. Journal of Monetary Economies. 2011, 58 (1): 54 – 79.